JN424991

더하기와 지우기

오름시인선 · 40

더하기와 지우기

펴낸날 _ 2018년 1월 31일

지은이 _ 김용재

펴낸곳 _ 기획출판 오름

등록번호 _ 동구 제364-1999-000006호

등록일자 _ 1999년 2월 25일

주소 _ 대전광역시 동구 대전로 815번길 125 2층 (삼성동)

전화 _ 042.637.1486

팩스 _ 042.637.1288

E-mail _ orumplus@hanmail.net

ISBN _ 978-89-90151-16-2

값 10,000원

「이 도서의 국립중앙도서관 출판예정도서목록(CIP)은 서지정보유통지원시스템 홈페이지(http://seoji.nl.go.kr)와 국가자료공동목록시스템(http://www.nl.go.kr/kolisnet)에서 이용하실 수 있습니다.(CIP제어번호: CIP2018003182)」

※본 사업은 대전문화재단 | 대전광역시 DAEJEON METROPOLITAN CITY | 한국문화예술위원회 에서 사업비 일부를 지원받았습니다.

오름시인선 · 40

더하기와 지우기

김용재

Orum Edition

시인의 말

통일문학, 이제 시작이다

세상 살면서 우측으로 팔을 치켜들은 사람들을 많이 보았다. 좌측으로 팔을 뻗은 사람들도 많이 보았다. 심각하게 다투는 사람들도 보았고 색깔의 농도를 놓고 토론하는 사람들도 보았다. 탄식하는 사람들도 보았고 큰 소리 치는 사람들도 보았다. 내가 알 바 아니라고 물러 선 사람들도 보았다.

이렇게 수많은 사람들과 동시대인으로 살면서 시인으로서 나는 무슨 시를 썼는가, 생각해보았다. 40여년 굵게 자란 시심의 뿌리가 하나 있었다. 대한민국의 평화통일문제 그것이었다. 진부하다, 오래 묵어서 신선감이 없다, 홍보적 목적성 때문에 식상하다, 아무래도 환상적이다…등 반길 사람들이 많지않을지 모른다. 그러나 껍데기로 보지 않고 가슴으로 그린다면 인류의 염원에 일조하는 시로 꽃필 것이다. 나는 죽을 때까지 이 주제를 놓지 않을 것이다.

시선집 『더하기와 지우기』는 제 1부만 새로 싣는 것이고 표제시와 제2부, 3부, 4부는 기존의 시집에서 주제에 맞는 시를 가려 뽑은 것이다. 통일문학, 이제 시작이다.

2018년 1월

김용재

차례

제2부 동해안 연가

제3부 어느 이등병의 묘비명

제4부 고우나 고운 핏덩이의 사랑

제1부

베를린 장벽에 서다

더하기와 지우기

절반 더하기 절반은
온전한 조국의 모습

지우기 선 하나면
훨훨 날개의 무게

눈물의 궁전에서

아득히 먼 거리의 숨길을 가누며
새로운 독일까지 날아서 왔습니다
오랜 고통을 허물고
자유의 가슴을 활짝 열어젖힌
아픈 역사의 현장에서
눈부신 햇살을 듬뿍 포옹합니다
절망을 두들겨 분별을 깨운
그대들 용기였나 지혜였나,
드높게 우러러 지금
평화의 견고함을 디디고 있습니다
저만치 베를린 장벽에서
프리드리히 거리에서
브란덴부르크 문에서
한 쪽과 또 한 쪽을 가름하던
그렇던가, 여기 눈물의 궁전에서
눈물의 바다였던 어둠과 미움의 세월
그 핏줄의 촉수를 감지하며
궁지의 깃발을 번쩍 올립니다
그래서 내 겨레 배달의 존엄
번뜩이는 희망을 읽으며

허물어진 믿음을 일으켜 세웁니다
남북한 두 형제 한 가족 이념을 주문한
프란치스코 교황도 생각하고
원코리아 뉴라시아 원정대
통일열망의 페달도 그려보고
하얀 옷 하얀 머리칼 날리며
통일 기원의 뜻 하늘에 담아냅니다
총칼의 거친 시련을 이젠 머물게 하소서
핵무기의 야망을 더욱 허공에 날리게 하소서
무장의 멍든 숲을 깨워
뭇 짐승 뛰어놀고 뭇 새들 소리치게 하소서
뜨끈한 사랑의 사람으로 거듭나게 하소서
눈물의 궁전, 탐색케 하소서

베를린 장벽에 서다

프리드리히 거리 검문소 거치지 않았습니다
체크포인트 찰리 거치지 않았습니다
살아있는 베를린 장벽에 섰습니다

43km 콘크리트 담장였지요
청조망과 블록이 가세했지요
기관총 초소와 지뢰지역이 위협했지요
고압선과 방어진지가 협력했지요
감시탑과 벙커에서 숨은 칼빛을 날렸지요
온후한 땅 그리움 찾아 그래도 벽을 넘고
더러는 성공하고 많게는 체포되고, 사살되고,
고독과 고립 고통과 통증이
오래 쌓이고 또 쌓이고 말았지요

동독과 서독, 동베를린과 서베를린
사회주의와 자본주의, 동서냉전의 현장
반파시즘 방어벽이라 했지요
수치羞恥의 벽이라 했지요
무인지대라 했지요
죽음의 지대라 했지요

철의 장막이라 했지요
제4세대 장벽이라 했지요

길고도 두꺼운 장벽
멀고도 애타는 열망
독일 통일의 이념의 활개
하늘도, 대통령도, 정치도, 경제도
분단과 대립과 충돌과 갈등과
긴장과 경계의 느슨한 틈으로
해머와 곡괭이를 가지고 들어가
벽을 부수기, 열중했지요
가슴의 벽도 부수어 댔지요
1989년 11월 9일, 통일의 횃불은 누리에 밝고
브란덴 부르크 통일 상징의 문을 열며
그렇지요, 「개선행진곡」도 울려내고
「환희의 송가」도 울려냈지요

배우고 익혀 살아온 우리들
오늘 여기 베를린 장벽에 섰네요
지금 막 통일 기원제 올렸네요

눈물의 궁전에서 울었네요
그리고 통일만세 힘차게 외쳤네요

우리는 저들의 붕괴를 기다리지 않습니다
우리는 저들의 세습을 욕하지 않습니다
스스로 우리는 군사우위권을 지켜야 함이지요
스스로 우리는 절대외교를 앞세워야 함이지요
스스로 우리는 경제협력을 지속해야 함이지요
도시교류 문화교류 체육교류 이산상봉
밀고 끌고, 통 큰 정치 해야 함이지요
그래서 핵무기의 굉음을 무찔러야 함이지요

고놈의 앙증스런 시구詩句들이 우루루 몰려와
우리 가슴을 파고 돌며 떠나질 않네요
그들도 우리 몸을 흔들며
여기 베를린 장벽에 서서 함께 있네요.

태양이 웃는 아침이네요

나그네 가슴으로 영접하는
새날의 저 맑은 소망처럼
그대 웃고 있는가 고개를 올려봅니다
고향의 들녘으로 실어 나른
금빛 생기의 영광과
소박한 꿈 하나 속삭이는
그대의 달콤한 미소를 그려
그저 우직하게 서 있습니다
양떼가 풀을 뜯는 평화스런 정경과
말씀 하나 간추려 푯대를 세운
거기, 상생의 믿음 깊게 꽂아놓고
그대 생명의 빛, 영혼의 빛이던가
반짝이는 곳으로 작은 손을 모읍니다
눈이 내릴 것 같습니다
양떼와 눈송이와 저 햇살이 만나
새하얀 꽃으로 쌓일 것 같습니다
목마름도 주림도 헐벗음도 비만도
정치도 종북도 여당도 야당도
오래 병든 것도 모두
여기 함께 쌓여 용해될 것 같습니다

당신도 함께 어울려 보시지요
통일로 대박이 될지 모르겠네요
그래요, 그래요, 나와 보세요
진실로 태양이 웃는 아침이네요

그 십자가 앞에서

– 윤동주 시인 순절 70주년에

모가지를 드리우고
꽃처럼 피어나는 피를
어두워 가는 하늘 밑에
조용히 흘리겠습니다*

가셨군요 그렇게 가셨군요
꽃처럼 피어나는 피를 꽃으로 활짝 뿌려놓고
그렇게 아픈 순절로 가셨군요
조국이 독립인 것 미리 쓰고 가셨군요
붉고도 붉은 꽃피로 쓰고 가셨군요
절망은 아닐 듯 안식은 더 아닐 듯
예수도 석가도 공자도 함께 걷던
선각의 거리일까 신과의 인접일까
남의 땅, 차가운 곳, 후쿠오카 형무소가
당신의 십자가 되었군요
그 십자가 앞에서
변변치 못한 것
지질하게 못난 것
무기력은 모두 꺾어버리고
살아서 뜨거운 '하늘과 바람과 별과 시'**

영혼의 제단에 번쩍 밝혀냅니다
벌써 70년, 해방도 그리 흘렀군요
그러나 아직 쪼개진 나라
통일의 꿈으로 가슴 태우는 백성
허리 통증 울먹임 속, 한 세상
너무 길어서 슬픈
우리들 세상을 또 굽어 살피소서
당신의 그 십자가 앞에서
우리 다시, 꽃처럼 피어나는 피를
조용히 흘리겠습니다

* 저항시로 평가되는 윤동주의 시 〈십자가〉 끝 부분

** 1948년 1월 30일 정음사에서 처음 발행한 윤동주 유고시집 표제

통일의 꿈과 절규의 노래

김우종

2015년도 제6회 김우종 문학상은 대상에 시인 김용재가 선정되고 본상에 시인 남주희와 수필가 이은희가 선정되었다.

대상(大賞) 수상작은 시집 『청동빛 창가에 앉아 그리움에 색칠하다』외 최근작 수편이다. 지금 한국 문단에서 우리의 갈 길을 제시하며 모두가 확신과 기쁨에 찬 횃불을 들고 동참하도록 누구보다도 감동적인 시어를 구사하고 있는 사람은 김용재다. 그것은 40년 넘게 언어 예술가로서 갈고 닦아 온 탁월한 장인적 솜씨에 앞서서 이 땅의 사회적 역사적 현실 앞에서 시인은 과연 무엇을 해야 할 것인가에 대한 가장 바르고 힘든 답을 피하지 않고 그의 사명을 다해 온 참된 도전정신 때문이다. 그 도전은 추악한 현실에 대한 비판의식으로도 나타나지만 무엇보다도 통일을 향한 아름답고 힘차고

찬란한 교향곡이 우리의 가슴을 울리고 있기 때문이다.

지금 우리가 목이 터져도 말해야 할 절실한 이야기의 주제는 이 땅의 사랑과 평화이며 이것은 우리 《창작산맥》의 발행목적이고 문학상이 지향하는 목표다. 다시 말해서 통일보다 절실한 주제는 없다.

우리 문학은 날이 갈수록 감각적 언어 유희와 재롱에나 빠져 드는 경향이 짙다. 그런 의미에서 김용재의 문학이야말로 더욱 소중하며 누구보다도 한국시단의 선도적 자리를 지키고 있는 문학세계다. 통일의 꿈과 절규의 노래야말로 우리 시단을 빛낼 가장 자랑스러운 자리에 있다.

〈더하기와 지우기〉는 분단의 남과 북을 더해서 우리 조국의 온전한 모습을 찾고 설움의 38선을 지워서 춤추는 날개의 무게를 측정하는 통일염원, 그 강렬한 상징적 심상의 불꽃으로 승화된 작품이다.

〈눈물의 궁전에서〉와 〈베를린 장벽에 서다〉는 동독과 서독, 고난의 현장에서 캐는 눈물과 장벽의 이미지를 불태워 우리의 현실로 접목시킨 통일의 원론적 지침서인 셈이다. 민주와 자유를 찾고 생명의 존귀함을 부각하는 소중한 가치와 신성한 권리가 각인된 시인의 의지를 감명으로 읽을 수 있다는 것이 큰 기쁨이다.

〈태양이 웃는 아침이네요〉는 생명의 빛, 영혼의 빛으로 떠오르는 새해 아침, 태양의 미소를 맞이하며 통일 대박의 꿈을 펼치는 반짝임이 돋보인다.

〈그 십자가 앞에서〉는 부제가 말해주듯 윤동주 시인 순절 70주년에 쓴 작품이다. 윤동주 시 〈십자가〉를 다시 살피고 시인이 순절한 공간에서의 현장감을 살려 절망을 뒤집고 거룩함의 의미를 추적한다. 그래서 다시 그 의미를 통일의 힘으로 환치하는 정신편력은 여기서도 합성의 불꽃처럼 솟아나고 있다.

이런 의미에서 김용재 시인이 이 수상자로 빛나기에 앞서서 이 수상에 의해서 이 상이 더욱 빛남을 큰 기쁨으로 생각한다.

이 상은 전국 시단을 조감하며 이 상의 제정 취지에 가장 적합한 수상자로 그를 선택하고 자문위원 전체가 심사위원의 동의를 거쳐서 결정한 것이다.

■ 수상소감

더하기와 지우기 작업

김용재

그해 여름, 왼쪽 가슴에 두 뼘 정도의 살을 가르고 한 쪽 폐를 완전히 뽑아냈다. 그 이후 내 가슴에도 38선이 생겨났다. 대중목욕탕에 가지 않았다. 7년쯤 후인가 오른쪽 배를 한 뼘쯤 또 가르고 쓸개를 빼냈다. 살에 박힌 긴 자국이 베를린 장벽 같다고 했다. 집에서도 늘 감추고 살았다.

그렇게 살면서 나의 시를 38선으로 가지고 왔고 다시 조국의 38선으로 가지고 왔다. 남의 나라 장벽도 우리나라 38선에 데려왔고 해맞이도 윤동주의 십자가도 38선으로 모셔왔다. 내 몸의 38선이 20년이 훌쩍 넘었는데 최근 다시 남쪽과 북쪽 더하기 작업과 38선 지우기 작업을 시작한 것이다.

좋게 보셨을까? 아니, 어떻게 아셨을까?

상을 받으라 하신다. 선생님이 실수하신 것 아닌가 하는 생각을 그냥 없어버렸다. 그리고 아픔으로 시를 쓰는 내 시심의 뒤안길을 보살펴 주신다는 고마움을 어렵지 않게 떠올렸다. 다시 나의 시를 들여다 본다. 아직 멀었다는 생각이 떠나질 않는다.

선생님, 감사합니다. 선생님 건강과 《창작산맥》 발전을 빌며, 여린 시심 불태워 더하기와 지우기 작업 더 열심히 하겠습니다.

김용재(金容材)

· 월간 〈시문학〉 등단 (1974–75)

· 창작시집 〈겨울산책〉 시선집 『청동빛 창가에 앉아 그리움에 색칠하다』 외 10권, 영역&영문 시집 4권 외 논저 · 공저 등 40여권

· 대전시문화상(문학 부문) · 한국현대시인상 · 국제계관시인상 수상

· 이 시집 제1부의 5편 원고는 《창작산맥》 2015. vol. 11. 봄호에 특집으로 실렸던 것입니다. 시선집 『청동빛 창가에 앉아 그리움에 색칠하다』(2013. 3월)는 같은 잡지에 원색 화보로 소개되었습니다.

죽는 것은 생시로 부활한다

꺼억꺽 컥컥
바람 토악질,
38선 철조망 넘어
새떼가 달려온다
억새가 환호한다
비탈진 벙커에서 적군이 총을 쏜다
아무도 맞지 않는다
갑자기 내 머리에 흉탄이 꽂힌다
나는 소리 없이 죽는다
죽는 것은 생시로 부활한다
나는 다시 통일노래를 부른다
음색이 불꽃처럼 하늘로 퍼진다
꿈인 것이 아닌 것처럼 따라간다
비무장지대DMZ는
부활의 땅이 된다
두꺼운 어둠을 흔들어 깨우는
다시, 감시의 땅이 된다.

— 《한국시학》 2017 · 가을호

비무장 지대를 가다

한세월 포성은 부서지고
총소리는 조각나 흩어졌다
바람 어울려 춤추며
억새는 억새끼리 모여서
온 몸으로 가득 세상을 흔든다
잘 익은 단풍이 이성으로 다가와
달콤한 혀를 내밀고 있다
사라진 것에 대한 그리움일까
떠나지 않는 것에 대한 미움일까
세심한 한 줄기 정열,
역사는 부등키고 있었다
여기, 나그네 발길 거부한 아픔을
철새가 또 울어줄 것인가
불면으로 생각하고 생각하며
우린 외침의 끝을 움켜잡고 있었다
가장 투철한 인내의 시간과 손잡고
가슴 열어 냉정을 심고 있었다

– 《한국시학》 2017 · 가을호

밤 바다와 적막의 싸움터에서

그렇게 소리쳐도
듣는 이 없는 적막을
밤 바다는 안다
그 적막에 기대어
나는 무서운 추위를 견디며
어둠의 냉정을 익힌다
잠자듯 마취된 세상을
운명으로 꼭 껴안고
침묵의 목을 치는
부리부리한 파도의 눈빛이
내 얼굴을 스친다
추위는 추위대로 기승을 부리고
밤바다와 적막의 싸움터에서
남이냐 북이냐
핵核이냐 사드THAAD냐
여당이냐 야당이냐
미국이냐 중국이냐
참 허술한 의식의 남루襤褸
무겁게 어깨에 걸친다

—《한국시학》 2017 · 가을호

손잡을 수 없는 간격의 길을 가면서

핵核이 승리의 상징으로 군림하여
가난의 허리를 펼친 듯 할까마는
아니다, 아니다, 그게 아니다
고독한 반역의 패배로 내달려
당신은 망각의 눈을 뜨지 못 할 것이고
대지는 피눈물의 개천을 이룰 것이다
말풍선은 대침을 찔러 터뜨리고
말폭탄은 망치질로 박살을 내라
아픔으로 깨어있는 이성理性의 골고다
한 마리 양羊으로 달려가 무릎을 꿇고
소리칠 지어다, 평화의 땅 평화의 나라를.
그리고 그 가능의 틈을 찾아 쐐기를 박고
개꿈도, 헛된 망상도 모두
두들겨 쪼개고 부수고 분쇄하여
의미가 살고 역사가 꽃피는
바다의 새벽 가슴을 펼칠 일이다
그래 우리 평화 찾아 살자
그래 우리 자유 기려 살자
그래 우리 정의 세워 살자
그래 우리 민주 깨워 살자

분열이 적일 때 또 물리치고
도발이 앞에 설 때 또 응징하라
손잡을 수 없는 간격의 길을 가면서
어찌 동행의 시간을 기다릴까.
이제는 그 막막함을 후리고
뛰어서 밝음을 찾는
힘이여, 지혜여, 솟아라
저 깃대처럼 솟아라
여기는 대한민국 통일전망대
우리는 기려 염원의 목을 내민다.

－《한국시학》 2017 · 가을호

제2부

동해안 연가

억새꽃 능선

이제 또 진심을 지켜온 고통
한곳으로 밀려
눈 감아도 다정한
인과因果 였네

부피가 있던 살 덩어리
야전부대의 내 밥그릇같이
훈훈한
얼굴들의 모임이었네

비바람 어울려 살던
끼리끼리 서로 내 보이는
손매듭
능선陵線을 따라 일제히
꽃피면서 흔들리는
그것은 희고 질긴 억새꽃이었네.

– 시집 『겨울散策』(1976 · 현대문학사)

편지

수목 사이로 비집고 들어오는
파란 하늘빛이
사방으로 갈라지는
하루, 그 하루의
일상日常
빈 가지에 한 마리의 새
근시近視의 눈, 쏘아대던
지붕 아래 시름겨운 꿈의 자취 속에서
피와 같은 마음 조금씩
조금씩 머금고서
피어나는
꽃

산 너머 달려오는 포성砲聲, 떠내려가다가
귀먹어버린 듯 잠잠한 산천
별자리마다의 고향
생각 따라서
떠나는
편지

외로운 철새들의 부리와 같은
냉기冷氣가 체온을 할퀴는
중부전선,
꿈자리마다 소용돌이치는 바람의 동굴
헤치고, 헤치고,
울리는 북소리

아, 수목사이로 비집고 들어온
파란 마음 파란 향수
파란 하늘빛
날개 돋치면서
자지러지는
일상日常, 오늘 하루의 북소리
어머니는 엿듣고 있겠다
바깥길 사람들의 소리소리 속에서
아들의 마음을 어머니는
엿듣고 있겠다

빈 가지를 떨치고 떠나가다
되돌아와서 울리는 늙은 소나무

웅크려진 가지 끝에
초승달

항시, 먼 소식처럼
파르란 빛무리 속
보이는 그리움 속에 파르란 울림

어머니는 보임 없는 그 속에서
아들의 편지
떠나는
현장
보고 계시겠지요
어머님…
그 해 귀향길 이야기

– 시집 『겨울散策』(1976 · 현대문학사)

그 해 귀향길 이야기

파포리 원천리 화천 사창리
네거리도 되고 막다른 골목 넘어
하늘이 되기도 하고
별자리에 별빛처럼 초랑초랑하던
시간들,
군사작전에 나는
어김없이
연락장교였고
시간의 주사위는 항시 멎는 자리에서
한 면面으로 멎고
소양강 낭떠러지가 보이던
내 차의 앞차는 그 밑에 구르고 있었네
그 자리 통신병의 허리에 찬 물통
이제금 짤랑거리고, 빈 물통의
물소리, 이승과 저승
무슨 비유로 참아 가를 수 없던
빈 물통 물소리 흔들면서 흐르는
소양강 물소리 잊을 수 없구나
땀에 절다 얼어버린 작업복
호주머니에서

살을 파던 아버님의 부음訃音
어둠 속에서 빛나던
그 〈빛〉 한 장의 종언終焉
사방 네거리 숨가빠도
외길로 외길로 항시
총알과 같이 바쁘던
파포리 원천리 화천 사창리로 흘러서
내 앞차 한 대 삼켜버리던 소양강 물소리
여덟 명의 통신병,
그 때 나는
눈물 고여 흐르는 강가를 달리고 있었네.
먼 한恨을 접어놓고
갈라진 금, 뼈를 꺾고 있었네
사창 화천 원천 파포리
혀끝에서 굴러나가던 바쁜 되뇌임
그 해, 더듬더듬한 귀향길에 발맞추어
따라오던 그 내 그림자는 이제
생각해도 보이지 않네.

— 시집『아침바람 行次』(1980 · 시문학사)

그대와 나의 역사에는

한 세상 돌이키는 순간들을 위하여
날은 저물고
저무는 날의 겹겹 어둠 곁에서
그대와 나의 역사에는
이제, 정밀한 소리를 길러야 한다
낮과 밤의 무수한 이웃 관계를 위하여
타오르는 불꽃의 도도한 채찍을 느끼며
신중한 눈을 뜨고
그대와 나의 역사에는
이제, 깨닫는 기억을 펼쳐야 한다
눈물이 마르는 슬픔과
살아나는 해변의 파도와
잔혹한 당연의 합리
그리고 희생과 책임과 질책과
가슴에서 나오는 모든 것
그대와 나의 역사에는
조용히 담아야 한다
잡히지 않는 세월의 발목을 놓고
그대로 넘어져 울어댈 것인가
종소리만의 슬픈 밤을

실어내고 말 것인가
빨갛게 달아오른 얼굴과
겸허하게 다듬던 그대의 피부
숨겨도 좋을 사랑과
되돌아 끌어내는 기억의 끈을 잡고
그대와 나의 역사에는 이제 승전의 밤을 새겨야 한다.
깨어나는 지혜
일어나는 빛을 물고
캐어낼 것 모두 캐어내는 이 밤에
그대와 나의 역사에는 그대와 나의 늘어진 힘
세워야 한다
세워야 한다.

– 대전 MBC Radio(1983. 12. 31)
– 시집 『휴일의 새』(1985 · 호서문화사)

노래하자 새 아침을

지난 저녁 몸부림 앓던
부재不在의 그 깊이를 뒤척이며
태양은 깨어나 빛으로 퍼덕인다
빛은 퍼덕이며
한 송이 더 다른 빛이기 위해
달리고 서성이고 구름길이나 문명길
시대의 땅 이곳 저곳에 꽂힌다
소리치는 눈을 뜨고
생각하는 날개를 달고
더 많은 분량의 꿈을 놓고
지리한 죄罪 하나 허기진 역설 하나,
이웃 들녘에 풀어놓고
세월의 꽃으로 피어나는
이슥고 아침을 띄운다

이 아침에 우리는
묵은 날의 남은 어둠을 모두 떨어낸다
이 아침에 우리는
숨쉬는 목소리를 들어 올리고
신선한 바람의 피를 건져 모은다.

그리하여 우리는
눈 속에 돋아난 돌부리를 다시 보며
삼십년 이산離散의 나이 든 서름을
사할린 바다 그늘에 도사린
죽은 자의 웅변을
아웅산 붉은 폭음의 살아있는 땅울림을
누르고 달래고 밟고, 증오의 쇠 소리
뿌리를 캔다
약한 자의 햇살과 강한 자의 어둠을
농부의 쟁기이듯 밥맛나게 갈아 제낀다.

그러나 빛을 빛이게 하는 것은
느낌의 가슴에 있다
아침을 아침이게 하는 것은
가슴에 꽂은 마음에 있다
생각이 없어 잃어버린 시력과
입으로만 활활 타는 교만의 목소리
무덤에 넣고
허세일 수 없는 과장일 수도 없는
우리의 은총처럼 새날을 맞는다,

비워 둔 창자에 뜨거운 의지를 심고
의로운 길
달려 갈 채비를 하며 뜨락을 내려선다
그것이 우리의 힘이거니
우리의 힘은
돈을 먹고 자란 살찐 살덩어리를 멀리 한다
증오를 키워 낸 가식의 얼굴을 외면한다
냉담을 쌓아올린 정情없는 문명을 파 헤친다.

이제 우리의 새 아침은
모둠의 빛 그 느낌이려니
우리의 새 빛은
쟁기의 힘 그 의지려니
우리의 새 의지는
의로운 길 찾아가는 그 행진이려니
노래하자 노래하자
우리의 새 아침을.

—대전대신문(1984. 1. 1)
—시집 『휴일의 새』(1985 · 호서문화사)

새해맞이, 1987년의 이데올로기

간밤의 허전한 어둠 다 물리치고
눈 뜨는 하루를 또 맞이했다
그렇다고 새날이 온 것은 아닌가 보다
무슨 넝마인양 묵은 달력을 걷어내고
한해살이 새 달력을 걸었다
그렇다고 새해가 온 것은 아닌가 보다
그런 새날을 우리가 원했던가
그런 새해를 우리가 기다렸던가
잘라내지 못하는 회상의 날개와
시달려 옹이진 마음의 뿌리들이
더 퍼덕이고 더 꿋꿋한 우리들의 터전에는
약한 자의 후련한 눈물도 보이질 않는다
그런대로 세월은 그냥 가는 것이다
우리는, 길 내는 자의 진실을 찾는 것이다

그 세월 속에 서성이고 있는 아픔의 기억들
양심 위에 떠 올리며
우리는 모국어의 바람결에 귀를 세운다
무상한 눈을 비빈다
군중집회로부터의 인천사태

오월의 그 음성이 들린다
대학생 연합의 농성사건
지독한 가을의 그 음성의 들린다
허물로 불타던 독립기념관
뜨겁게 퍼덕이던 소리가 들린다
사람의 뜻을 비운, 강남 땅 폭력배 살인사건
잔혹한 칼부림 소리가 들린다
시민 혁명인가
아키노, 필리핀의 눈망울이 보인다
민주화 시위라고 하던가
중공 대학생의 이마가 보인다
정부가 전쟁무기를 몰래 팔아먹었다던가
비밀을 캐낸 미국의 얼굴이 보인다
그런대로 세월은 그냥 가는 것이다
우리는, 길 내는 자가 되는 것이다

순리의 소리를 들을 것이다
순리의 꿈을 풀어낼 것이다
덧없는 일 되돌아보고
비굴한 친구도 다시 보며

우리의 들뜬 소망은 차라리 억누를 일이다
이치를 거역하고 빛을 볼 수 없는 일
믿음을 꺾어놓고 화평할 수 없는 일
자유를 외면하고 미소지을 수 없는 일
사랑을 떼어내고 행복할 수 없는 일
바람의 말씀 날리는 차가운 혓바닥과
가슴에서 묻어나오는 따뜻한 체온과
분별과 행동의 뜻을 키우는 외진 곳에서
그런대로 세월은 그냥 가는 것이다
우리는, 길 밝히는 자가 되는 것이다.

—대전대신문(1987. 1. 10)
—시집 『저무는 날의 명령법』(1988 · 호서문화사)

저무는 날의 명령법

I

오늘 이 하루를 그냥 저물게 하는가
오늘 이 한달을 그냥 접도록 하는가
오늘 이 한해를 그냥 지나게 하는가

그러나 털털 욕심을 비우게 하라
그러나 꼭꼭 마음을 채우게 하라
그러나 골골 생각에 잠기게 하라

새들도 노래를 잊은 빈 둥지에
그리운 달덩이 내릴 때까지
치욕으로 밀리던 세월의 바람결
부서지는 꿈 안을 때까지
그저 열리는 가슴 있게 하라
가슴 앞에 분명한 휴식이 있게 하라.

Ⅱ

봄 꽃송이의 눈물을 그려봄일까
여름 소나기의 횡포를 저주함일까
가을 귀뚜리의 외로움을 집어봄일까

그러나 겨울은 승자의 몸짓을 보고
그러나 겨울은 패자의 어깨를 보고
그러나 겨울은 파도의 혼돈을 보고,

잡다한 소문과 근심의 노래와
껍데기 말씀과 등치 큰 글자와
참으로 망연한 웃음과 비굴한 주먹
강물 건너고 언덕 오르며,
뒹굴고 뒹굴어서 벌판에 잠들게 하라
깨어나면 사랑을 만들게 하라.

Ⅲ

허공에 멍멍한 구름 있는가
대지엔 사나운 바람 있는가
뱃속엔 캄캄한 어둠 있는가

그러나 철드는 하늘 있음이여
그러나 푸근한 눈밭 있음이여
그러나 숨쉬는 햇빛 있음이여,

우리는 귀족의 혈통도 아닌 것이리
우리는 빈자의 가문도 아닌 것이리
속 아픈 양심을 담고 살고
시달린 자유를 먹고 살고,
이제는 고독한 생울음 시들게 하라
싱싱한 목숨의 아침 트이게 하라.

—대전KBS(1987. 12. 30)
—시집 『저무는 날의 명령법』(1988 · 호서문화사)

동해안 연가 · 1

– 떠나는길

사랑이 최고라 하였지
사랑 모두어 안고 새벽길
달리고 달려서 해는 솟았지
땡볕의 일상을 접고
우울한 가난을 털고
산바람 불어오면 산으로 간다
들바람 일어서면 들로 간다
강바람 손 흔들면 강으로 간다
바다가 부르면 바다로 간다
동해안에 닿아서 이제 인연의 기침을 한다.

사랑은 피묻지 않아야 한다
피묻은 자유는 없어야 한다.

–《호서문학 제12집》(1986. 10월)
–시집 『저무는 날의 명령법』(1988 · 호서문화사)

동해안 연가 · 2
– 바다의 몸살

바다는 하늘 끝에 누워 있었지
바다에서 구름은 일어서고 있었지
물에서 몸통을 내밀고
바위가 총총 어울려 들었지
바위쪽 노송老松의 벼랑에는
살아남은 세월,
여전히 허리가 굽고
파도만 떠나며
떠나면서 부서지고
차가운 목숨을 진술하고 있었지.

바다는 밤새워 몸살을 한 것이다
바다의 몸살은 편견의 싸움이었던 것이다.

–《호서문학 제12집》(1986. 10월)
–시집 『저무는 날의 명령법』(1988 · 호서문화사)

동해안 연가 · 3

— 갈매기가 있는 경관

자유다 사랑이다
노동이다 전쟁이다
귀담아 움켜잡고
고깃배가 떠난 거야
더러는 한웅큼 우수가 떠난 거야
믿음으로 서 있는
힘센 돛대에 넋을 올리고
우리들 아픈 시정市井을 씻으려 했나
우리들 고통의 이력을 잊으려 했나
갈매기가 울고 있었지.

갈매기 울음 속에 살고 있구나
허전한 우리들의 사랑의 노래.

—《호서문학 제12집》(1986. 10월)
—시집 『저무는 날의 명령법』(1988 · 호서문화사)

동해안 연가 · 4

– 어부들

눈물도 보이지 않는
그 황망한 벌판에서
목메인 물살을 헤집고 집어내는
칼칼한 꿈의 덩어리
온갖 꿈틀대는 기백으로
조선의 살 속을 조망하는 명예였지
바닷속에 달려든 태양도
헤엄치는 달빛도
산 것대로 산 것을 올려놓고
어망에 욕망을 다스리는 명예였지.

단단한 근육 끝에 매달리는 바다
바다는 생명으로 울렁여 댄다.

–《호서문학 제12집》(1986. 10월)
–시집 『저무는 날의 명령법』(1988 · 호서문화사)

동해안 연가 · 5

— 해신제海神祭

바다가 깨어있다
바다가 소리친다
혼魂을 내 놓고 소리친다
모래톱에 살을 올려놓고
해신海神이여 꿈을 풀으시렴
이승으로 무르익는 낙원을 쌓으시렴
침묵으로 더 아픈 사람들 몸에
바다의 소리 달리게 하렴
얼굴과 얼굴의 미소, 가슴과 가슴의 맥박
평화의 손 흔들게 하렴.

우리들의 입맞출 바다
바다는 입술같이 붉어지고 있다.

—《호서문학 제12집》(1986. 10월)
—시집 『저무는 날의 명령법』(1988 · 호서문화사)

동해안 연가 · 6

– 사랑의 두 목소리

백사장에 물결이 달라붙어
모래알 고운 이야기 썰어내고
바다의 품 안에서
우리들 사랑의 목소리 뒹굴어댄 거야
유령같이 일어선 자리, 빈 술병 옆엔
그러나 억울한 전쟁 이야기,
못다한 우리들 연민이 있어
숲속에 숨겨둔 철조망
마디마디 피곤한 가시였지
부동不動의 방랑이었지.

우리들 사랑은 바다 소리
우짖고 추구하는 요새要塞의 나팔소리.

–《호서문학 제12집》(1986. 10월)
–시집 『저무는 날의 명령법』(1988 · 호서문화사)

동해안 연가 · 7

– 회상의 땅

가파른 언덕이 우리들 산야인데
바다를 밀고 간다
갈 곳이 또 있는가
저리도록 앉아서 보면
바위는 둥둥 몸으로 떠 가고
갈대도 뼈를 밀고 부딪치는데
손 발이 다 잘린 땅거미 너울 속으로
소학생이던 시절의 나의 땅
흙 냄새가 찾아들었어
영혼일거야, 상상의 광채가 마주쳐왔어.

정말 매웁던 고구려땅 바람소리 인다
소리에도 뜻이 붙어 몸부림 친다.

–《호서문학 제12집》(1986. 10월)
–시집 『저무는 날의 명령법』(1988 · 호서문화사)

동해안 연가 · 8

— 초병의 노래

흩어진 탄환의 뿌리에
훌쩍 30년 녹이 슬고
바다는 연신 무장을 했다
물굽이를 겨냥하고
물속을 파고들고
불리不利의 문명의 몸짓에
바다에서 쫓겨난 전설
바다에서 물러난 동화
쇠붙이의 전우로 노래를 배우고
이제 용왕龍王은 시시하다, 시시하다.

생명의 살을 보고 뼈를 보고 눈을 보며
바다에서 출렁이는 적의敵意를 익힌다.

— 《호서문학 제12집》(1986. 10월)
— 시집 『저무는 날의 명령법』(1988 · 호서문화사)

동해안 연가 · 9

– 바다에게

원산쪽에 해일이 일어도
간성 물개는 입맞출 건가
바다에 진을 치고
놈들도 금을 글 건가
태양을 끌어 안고
바다여 훨훨 춤을 추어라
소망의 모습이 무슨 비극이더냐
사랑을 택한 고통이
표류의 밑바닥까지 뒤척이는데
열기로 휘청대는 자유의 여심旅心을 달랜다.

넋이 맑은 물결이여 춤을 추어라
생존의 바다여, 훨훨 춤을 추어라.

–《호서문학 제12집》(1986. 10월)
–시집 『저무는 날의 명령법』(1988 · 호서문화사)

동해안 연가 · 10

– 몇토막 아픈 숨소리

세워둔 차를 타고 우린 돌아가야 해
성실한 속도로 달려야 해
그렇던가, 갈 곳이 끝났는가
잘린 땅이 나서는가
꼬마녀석 손을 잡고
제 집을 제 땅을 보아야 해
무지개빛 영롱한 노래를 띄워
바다를 달릴건가
몇 토막 아픈 숨소리 두고
묵묵히 동해안 돌아서다.

어두운 곳에 불씨는 있어야 한다
차가운 곳에 사랑은 피어야 한다.

–《호서문학 제12집》(1986. 10월)
–시집 『저무는 날의 명령법』(1988 · 호서문화사)

제3부

어느 이등병의 묘비명

울릉도 · 1

해장국 뚝배기에 머무는
우리네 사투리 또 사투리
모국어의 바람 일어나는
바다의 북녘
신중한 관계를 챙기며
그 바람의 눈알
몽롱하여라
새소리는 울리고
아침 피부는
빨갛게 다듬어져 있다.

가슴 안쪽 구름 낀 공간으로
그래, 고혈압의 울릉도 울릉도.

– 《詩文學》(1987. 10월호)
– 시집 『저무는 날의 명령법』(1988 · 호서문화사)

울릉도 · 2

새벽녘에 집을 떠난
우방友邦의 갈매기
이슬빛 총명한 시간을
물어 올 것인가
기계의 힘 고고한 물길에서
몸을 돌리고
촉촉하게 울고 말 건가
위태한 한 세상의 바위 머리
고독한 몸으로
향나무인가 한 그루 살아 퍼렇다.

푸르름의 법法을 세운 나무엔
사랑도 미움도 다 가지를 쳤다.

– 《詩文學》(1987. 10월호)
– 시집 『저무는 날의 명령법』(1988 · 호서문화사)

울릉도 · 3

산에 가면
산에서 일그러진 발자국
보이는가
머물다 떠난 소나기의 그림자
보이는가
흙비둘기 구구구
흙묻은 노래를 뿌리고,
그래서 산 몸둥이
슬프고 무거워도
산의 냄새는 향긋하고 향긋하다.

향기는 바다에 가라앉질 않는다
바닷가에 왔다가 행방行方을 잃는 것이다.

— 《詩文學》(1987. 10월호)
— 시집 『저무는 날의 명령법』(1988 · 호서문화사)

울릉도 · 4

바위는 본래 바다에서 생겼다
바다에서 생긴 바위는
머리도 얼굴도 우그러 들었다
유방도 갈비도 튀어나왔다.
아랫도리는 늘 찝찔하고 흥건했다
바위는 본래 파도를 사랑했다
파도를 사랑한 바위는
힘이 세고 도도했다
늘 사랑싸움을 즐겼다
훌렁 벗고 발기해서 우뚝 솟았다.

멋대로 생긴 바위, 멋지게 생긴 바위여서
모른체, 사람 홀리는 것이었다.

– 《詩文學》(1987. 10월호)
– 시집 『저무는 날의 명령법』(1988 · 호서문화사)

울릉도 · 5

바람에 바위 하나
구멍이 나고
구멍으로 흘러 온 세월을 키워
간신히 피어난 동백꽃
매달리듯 버티고 앉아
다시 북녘을 본다
은폐의 서러운 땅
깊고 깊은 우수를 업고
진실로 끈끈하게
목마른 벼랑을 지킨다.

소망은 따뜻하고 절망은 차가운 것
동백꽃 송이마다 말씀이 담긴다.

– 《詩文學》(1987. 10월호)
– 시집 『저무는 날의 명령법』(1988 · 호서문화사)

울릉도 · 6

성인봉 산 줄기
해변 마을을 감싸고,
육지에서 건너 온 질펀한 바람
바다에서 달려 온 새파란 바람
마을은 신명나게
그래도 바람을 키운다
바람에 실려서 떠 내리고
깃발에 솟아나 흥청거리고
고깃배 돌아 온 보람 더하여
마을에는 바다 기운이 날뛴다.

바닷가에 앉아서 하루를 씻다가
눈뜨고 기어오르는 어둠을 본다.

– 《詩文學》(1987. 10월호)
– 시집 『저무는 날의 명령법』(1988 · 호서문화사)

울릉도 · 7

도둑이 없다지요
거지가 없다지요
뱀도 없다지요
향나무 기운 정정하다지요
바람 넘친다지요
돌아 돌아 절경이라지요
맑고 찬 물 곳곳에 흐른다지요
슬퍼도 기뻐도 목을 쳐들고
돌의 모습 으젓하다지요
그렇다지요, 허전한 평화라지요.

휴전선 눅눅한 바람 따라오던가
그 바닷가 떠나지 않는 여인이여.

– 《詩文學》(1987. 10월호)
– 시집 『저무는 날의 명령법』(1988 · 호서문화사)

울릉도 · 8

산짐승 내려와
비릿한 물마시고 가는가
주둥이 뒤틀린 생선 냄새가
킁킁 곶바람을 일구는가
밤 깊어 램프는 흔들리고,
드디어 살을 식히며 피를 식힌다
제 몸짓 바로 잡을 일
제 길의 뱃고동 사랑할 일
당신도 나도 뒤척이며
신열身熱의 날개를 편다.

적막함에 어울려 아픈 영혼을 알고
총총한 화답의 밤 소리를 살핀다.

– 《詩文學》(1987. 10월호)
– 시집 『저무는 날의 명령법』(1988 · 호서문화사)

울릉도 · 9

아이 살같은 밤하늘에
별이 박힌다
산나무들 틈새로
불빛은 옛 꿈을 나른다
역사의 울음은 잠들고
숲은 꽃송이를 모두 끌어안는다
뿔뿔이, 파도는 힘이 빠지고
막소주 술기운에
사랑은 이제 비틀거린다
사방에서 바다가 기웃거린다.

어둠을 오히려 길게 깔아놓고
숨은 꿈을 캐낼 일이다.

– 《詩文學》(1987. 10월호)
– 시집 『저무는 날의 명령법』(1988 · 호서문화사)

울릉도 · 10

바닷물 철렁한 흔들림에
새벽눈을 뜨고
얼근한 하룻밤을 지워버린다
바다에서 건져내는
그 신선한 일정에
입맛을 새기고
철모르고 벌떡이는 목소리를 세운다
가슴에서 나이 든 꿈
꿈에서 멍들던 것
그러나 나의 목소리는 늘
연약한 바램이었다.

바다가 물어내는 싱싱한 언어가
온몸에 그리운 때였다.

– 《詩文學》(1987. 10월호)
– 시집 『저무는 날의 명령법』(1988 · 호서문화사)

병사와 달맞이꽃

그렇게 하염없이 시들던 저녁빛
마지막 한 자락을 걸치고
밀려 올 어둠을 향해
병사는 몸을 돌렸다
가늘고 짤막한 쇠붙이의 총구 위에
알맹이의 눈을 다시 올려 놓았다
바람이 말처럼 뛰어 간 들판
목숨이나 자유로운 것들의 초조와
세속을 비낀 심장
거대하게 억누르며
병사는 그래, 울지도 못했다
가고 가고 다시 트일 날
환하게 기다리며
병사의 발 밑에서
그렇구나, 달맞이꽃
아직도 피어나지 못했다
피어날 꿈만 흔들어댔다.

— 시집 『兵士와 달맞이꽃』(1992 · 문경출판사)

휴전선 부근

제 뜻을 안고
제 집에서 잠 못이루는
한마리 들비둘기
구구구 꾸꾸꾸
울던 목소리에서
정말이지
썩어가는 평화의 냄새가 풍겼다
그 시간의 언저리일까
사랑하는
절묘한 외로움
혼자 배우며
성급히 이단의 눈을 뜬
들풀은
억세게 혓바닥을 날름거렸다.

— 시집 『兵士와 달맞이꽃』(1992 · 문경출판사)

야전부대 병사 이야기

눈 모서리에 고이던 소리없는 눈물과
눈물에 젖은 별 하나의 자취
기억하면서
부질없이 뒤섞이는
고향마을 슬픔이던가
이래 저래 못난 세상의
뒤틀린 그리움이던가
귓가에 맴도는
깨어나는 아침의 소리를 들으며
야전부대 어떤 병사는
조국에 "받들어 총"을 했고
또 어떤 병사는
개머리판이나 방아틀 뭉치 다 뜯어놓고
싸리꽃 냄새를 맡자고 했다네
얼씨구 얼씨구
평화로 뻗은,
그 산길을 가자고 했다네.

— 시집 『兵士와 달맞이꽃』(1992 · 문경출판사)

어느 이등병의 묘비명

그 뜨겁던 총탄의
구리색 신음소리
산비탈 잔디 위에
깊도록 잠재우고
연분홍 달빛으로
다시 태어나
비무장 뽀얀 살결에
허물없이 붙어 살리라.

– 《시문학》(1996, 5월호)
– 『산책길에 만나는 청동의 새떼』(1997, 4, 30)
– 시집 『머물러 있던 시간의 飛翔』(2002 · 기획출판 오름)

회상과 소망의 간주곡
— 다시 6 · 25의 광장에서

Ⅰ

포성이 울렁이는 어둠의 세상에서
목마르게 찾던 전우를 생각해 본다
검붉은 피와 땀을 같이 흘리며 나눈
젖은 빵맛을 기억해 본다
채이고 걸리던 처절한 주검의 계곡과
낙엽처럼 얼룩지던 우리의 마을과 산천,
죄없이 쓰러지던 양심과 도덕과 인륜과
맑고 자유로운 믿음의 정경들,
살아 남은 가슴의 문전에서
넘실대는 꿈인양 그려본다.

Ⅱ

쇳조각에 얼룩진 전쟁의 아픈 세월이
그림자 드리우고 걸어나온다
피를 뿌리고 살을 던진 유골의 긴 울음이
밤낮 없이 이승을 전진한다
전리戰利의 드높은 명예와
포악한 위험 속에서 사는 운명을 새겨봄일까,
병균처럼 번지는 증오의 본능
그 쓸쓸한 거처를 돌이켜 봄일까,

그러나 전쟁은 전쟁 속에서 파괴되었고
평화는 평화속에서 성장하였다.

Ⅲ

전쟁은 '모든 악의 어머니'라 했다
전쟁은 '지옥의 귀신'이라 했다
전쟁은 '죽음의 향연'이라 했다
어떤 이는 또 전쟁은 '전염병'이라 했다
나는, 전쟁을 일종의 도박이라 말한다
그래서 전쟁은 사건의 역사를 만드는
왕성한 활력으로 작용했지만
눈물의 웅덩이를 파는 처절한 비극을
우리 인간의 땅에 심어 놓았다
그리고 아직 종은 울리지 않았다.

Ⅳ

우리의 형제와 그리운 이웃들
이름없이 싸우고 말없이 떠난 수많은 전우들
전선의 비탈이나 무기의 광장에 새겨진
빛나는 영혼의 뿌리를 생각하며

그 호국영령들의 거룩한 정신과
유족들의 한恨많은 인내의 세월과
밤마다 울어대던 조국의 문풍지
스스로의 가슴에 넣고 사랑으로 키워낸다
오늘은 사나운 것들 다 사라지게 하라
슬픔의 이랑을 넘는 달빛 더 밝게 하라

Ⅴ
긴 세월 품고 다니던 절망을 이기고
고립의 외딴 방에서 시원하게 풀려나고
모멸의 감정은 모두 내던지고
조국이 있기에 아픔도 곱게 잠재우고
조국이 있기에 원망도 물에 씻어내고
그 언덕 찔레꽃 하얀 향기와
금강산 백두산, 아름답고 늠름한 모습,
그렇다, 우리는 이제 38선 어둠을 몰아내고
새 아침의 황금 햇빛 몸에 두를 일이다
큰 심장의 대한민국 다시 맞을 일이다.

– 대전일보(1988. 6. 24)
– 시집 『머물러 있던 시간의 飛翔』(2002 · 기획출판 오름)

제4부

고우나 고운 핏덩이의 사랑

同行 · 1

– 충청도 광복 유적지 순례

당신의 눈은 별빛이었습니다
중심도 모서리도 모두
어질게 빛났습니다.
그 빛 주위에 우리는 모였습니다
시인 김용재 · 구재기 · 김명수 · 양애경 · 조미나
도예가 이종수
화가 김관호 · 이택우
그리고 그리움과 소망과 자비지심,
당신의 뜻으로 어울리면서
신채호 선생 뵈옵고
김좌진 장군 뵈옵고
한용운 선생 뵈옵고
유관순 열사 뵈옵고
윤봉길 의사 뵈옵고,
가슴 속 어둑한 슬픔과 절망 등
모두 헤쳐 보았지요
등줄기에 평화의 강물 흘러 넘도록
손 모아 보았지요
밤 늦은 술잔에도
빛나는 건,

별빛이었습니다

당신의 눈빛,

뜨거움이었습니다.

– 『동그라미 연가』 2001. 8. 15
– 시집 『머물러 있던 시간의 飛翔』(2002. 기획출판 오름)

同行 · 2

– 통일문학 심포지엄

만세! 만만세! 백두산 만만세!

우리들은 만세를 불렀고 야석 · 박희선* 시인은 천지에서 올라오는 저 향기를 호흡하며 향불을 피우고 죽비(竹篦)로 손바닥을 두들겼다. 날아갈 듯 힘찬 바람에 설움과 울분 다 날리고 그 순간만은 구름 위에 우뚝 서 천하를 굽어보는 기분이었다.

오는 길에 다시 낙차 68m의 장백 폭포 그 절경을 보며 인간의 가슴 속에 자연의 아름다움을 어떻게 심어볼까 생각하는, 한없는 아쉬움을 남기곤 했다. 황혼녘 우리들의 눈앞에는 쌍무지개가 걸려 있었다.

– 김용재, 〈백두산 천지에서 만만세〉에서
호서문학 · 22(1996.11.p260.)

중국 연길시 송기 호텔 특별실
호서문학회와 연변민간문예가협회
통일문학 심포지엄
1996년 7월의 그 날은, 밤 늦도록 진지함 진지함
마침내 소주와 빼주 어울리고
빈대떡 누름적 그 놈이 그놈 같다

어차피 잠은 설치고
김동훈 · 박창묵 · 이해산 · 김만석 · 김관웅 등
연변대 한국어과 교수들 그립다
그들은 백두산에 따르질 못했고
마침내 비가 내리고 있었다
이제는 야석 선생이시여!
죽비를 치세요
죽비로 서러운 세상을 치세요
서러움 떨구어내고 미소를 깨우세요
빗소리 물리치고 햇살을 부르세요
일송정 해란강 용두레 우물까지,
'죽는 날까지 하늘을 우러러'
'한 점 부끄럼 없는'
그 시비詩碑의 머리 끝까지,
'눈물 젖은 두만강' 시꺼먼 물 속 까지,
그러세요, 죽비를 치세요
울리도록 치세요
만주는 우리 땅, 백두산은 우리 산
남의 땅에서 보는 슬픔이
그렇군요, 뒤틀림이네요

야석 선생이시여! 다시 죽비를 치세요
겨레의 가슴으로 치세요
우리들의 잠을 깨우고
빨주노초파남보
보남파초노주빨
쌍무지개 뜨네요
천지天地의 푸른 물빛
우리들의 이마에 꽂히네요.

– 『동그라미 연가』 2001. 8. 15
– 시집 『머물러 있던 시간의 飛翔』(2002. 기획출판 오름)

* 충남 강경 출신. 아호·야석(也石). 한국의 대표적 불교 시인이며 독립운동가. 시집, 시선집, 소설집, 불교 서적 등 총 26권의 저서를 남겼으며 국립공원 계룡산 갑사 어귀에 그의 시비가 있다. 사후에 호서문학회에서 『박희선 시인의 인생과 문학』을 펴냈다.

同行 · 3
– 날개를 위하여

절반 더하기 절반은
온전한 조국의 모습

지우기 선線 하나면
훨훨 날개의 무게

– 김용재 「더하기와 지우기」 전문

날개의 무게를 위하여
우리는 달리고 또 달렸습니다
바퀴에 소망의 양냥이줄을 감고
남모르는 나그네 되어 달렸습니다
휴전선, 두근두근 끓는 핏줄을 따라 달리고
한恨 묻힌 지리산 숲속을 달리고
정처없는 저 땅끝 마을을 달리고
이제금 그늘진 음성의 노래를 부르며
홍도와 흑산도 뱃길을 달리고
북녘이 더 가까운
백령도 가슴 속을 달렸습니다
김대현 김용재 박영규 장덕천 권천학

홍순갑 송영숙 신태수 이 준 이규복
함께 한 문인들 – 그리움 모여드는 언덕에서
당신은, 검게 탄 망각의 역사
그 숨결을 일으켜 세우고
우리들 배달의 세월
냉기의 바람도 다 헤치고
고절孤節의 잡목림 어딜까,
알뜰한 살속 이념을 꺼내 놓으셨지요
모국어의 땅, 겨레가 하나 되고
꽃도 나무도 세상 사람도 모두 미소짓는
양지의 믿음 펴 놓으셨지요
백팔염주 걸어놓고
선생이시여, 다시 살펴주십시오
우리는 아직도 달리고 있습니다
기원의 땅 달리고 있습니다
날개를 위하여
하나의 깃발을 위하여

– 『동그라미 연가』 2001. 8. 15
– 시집 『머물러 있던 시간의 飛翔』(2002. 기획출판 오름)

■ 광복 50돌 · 다시 새기는 조국의 얼

독립지사 유적지 순례시① - 신채호 편

고우나 고운 핏덩이의 사랑

저 새벽 별빛 큰 줄기와
눈빛 모두고
방방곡곡
겨레의 가슴마다
나라 얼 심기,
참으로 쓰리고 아련한 나날이었네,
콩죽이나 나물죽으로 연명하며
붉고 진한 제 역사의 숨결
덥석 움켜잡고
널니리 노래를 부를 수 있을까,
무너지는 마음 세우고 또 세우고 했네.
망명의 땅 청도에서
그리고 상해에서, 북경에서
쟁취하는 독립의 정신 깃발로 높이고
나와 나 아닌 자, 투쟁의 역사를 익히고
'고우나 고운 핏덩이'*의 사랑 꽃피우고
그 사랑 의무와 보람으로
뜨겁게 불을 밝혔네
그러나 차가운 철창

한 많은 인생의 막은 내리고
흘러간 세월
멍멍한 우리들의 땅에서
선생의 삼간 초가집 우러르며
혼불찾기, 뜻을 세우고
우리는 머물러 있었네.

– 《중도포커스》(1995. 9월호)
– 시집 『머물러 있던 시간의 飛翔』(2002 · 기획출판 오름)

* 단재 신채호 선생의 대표작 〈한 나라 생각〉에 나오는 시구임

■ 광복 50돌 · 다시 새기는 조국의 얼

독립지사 유적지 순례시② - 류관순 편

열 여덟 꽃나이 만세 만만세

어려서부터 총명하고
적극적이며 의지가 강하고
효성과 우애가 두텁고
희생 봉사 정신이 남달리 강했던
이화학당 고등과 교비생,
학교는 문을 닫고
충청도 천안군 동면 용두리 고향에서
오로지 만세 운동 선봉이 되었네.
목천 천안 연기 청주 진천
교회나 학교나 유림의 대표들 만나고
높고 험한 재 넘나들며
여우도 만나고 범도 만나고,
아우내 장터 삼천 군중 태극기 물결과
매봉산 꼭대기 자유와 평화의 거룩한 봉화
민족의 제단으로 밝혀 들었네.
그렇게 온 몸과 맘으로
눈부신 아침 열기, 만세 만만세
빛나는 역사 세우기, 만세 만만세
때를 알고 칼바람 불고

때를 지켜 총탄은 날고
오호라 오오호라
아버지는 처참하게 쓰러지고
어머니도 비참하게 쓰러지고
사는 집 허무하게 불타고,
만세 만만세 만세 만만세
숨막히는 옥살이 고문 못내 처량타
만세 만만세 만세 만만세
여섯 토막 찢기면서 눈 뜨고 볼꺼냐
열 여덟 꽃나이 만세 만만세
만세 만만세 만세 만만세.
내 어머니보다 다섯 살이 더 많은
그래도 언제나 누나여 언니요
영원히 조국의 딸이요 횃불이요,
만세 만만세
만세 만만세

– 《중도포커스》(1995. 9월호)
– 시집 『머물러 있던 시간의 飛翔』(2002 · 기획출판 오름)

▣ 광복 50돌 · 다시 새기는 조국의 얼

독립지사 유적지 순례시③ - 한용운 편

속편 · 님의 침묵

이그러지는 혈육의 산천
굽이굽이 푸른 목청을 우려내고
가슴 속, 내장 속, 골 깊은 소리
터져라 뽑아 올려도
한줌 눈물의 함성만 허공에 매달리고
하늘빛 칙칙한 사랑
'님은 갔습니다'
'아아 사랑하는 나의 님은 갔습니다'
슬픈 항변의 님의 침묵
만해 · 한용운.
그렇습니다
33인 하나, 독립지사, 대각승려, 민족시인.
청빈하고 청빈한 생활
민중적 삶의 기반 이루고
님은 갔어도, 님을 보내지 않은
사랑의 곡조, 사랑의 곡절.
전 생애를 통하여
일제와는 추호의 타협이 없었고
독립 사상의 소용돌이 속에

쓰리고 외롭게 당신 떠나시고
광복 50년.
님은 왔습니다
아아, 사랑하는 나의 님은 왔습니다
님은 왔지만은 나는 님을 맞이하지 못하였습니다
제 아픔을 못 이기는 소망의 노래는
님의 반 몸을 쉽싸고 돕니다.

– 《중도포커스》(1995. 9월호)
– 시집 『머물러 있던 시간의 飛翔』(2002 · 기획출판 오름)

■ 광복 50돌·다시 새기는 조국의 얼
독립지사 유적지 순례시④ - 김좌진 편

대한민국 남아 중 남아

대한민국 남아 중 남아
대한독립군 총사령관 백야·김좌진 장군은
부유한 명문에서 태어나
어려서부터 무예를 연마하며 통뼈를 키우고
큰 뜻과 바른 정기, 행동으로 세우기에 앞장을 섰다.
엄지로 눌러서 못을 박고
한 손으로 볏가마 집어던지고
무쇠 화로 손가락으로 부숴버리고
대청 난간에 앉아 열두명 장정과
줄다리기 힘을 겨루고
그러나 남용이나 만용이란 것 멀리하고
강한 자 누르고 약한 자 돕고
정의 위해 힘을 바쳤다.
쇳소리 목청 울리며 소작인들에게 땅을 나누어주고
부싯돌 불을 밝혀 종문서 태워 버리고
학교 세우고, 장학회 만들고, 신 학문 권장하며
황성신문사, 경성고아원 중책도 맡고
그리고는 이리떼 우글대는 치욕의 땅에서
오직 독립군 양성하며, 감옥살이 고난의 세월 보내고

용맹과 투지와 희망의 새벽을
우리들 머리 위에 밝혀 놓았다
그 중에서 청사에 가장 빛나는 것
청산리 전투, 그렇지
칼머리 쓴 바람 다 베어버리고
저기 백두산 호랑이 함성같은
민족의 높은 이상 한데 모으고
의리와 혈기의 지도력과,
불굴의 지략과 믿음 다하여
일본군 수천 명을 일시에 섬멸하고
독립 전쟁 역사상 최대 승리의 빛을 밝혔다.
그래도 황량한 벌판
조국의 광명을 캐며, 오호 통재라,
동포의 흉탄에 쓰러진 41세 그의 일생은
짧아도 굵게 메아리 치는 것이었다.
대한민국 남아 중 남아
대한독립군 총사령관 백야 · 김좌진 장군은
하늘 닿는 큰 산이었다.

– 《중도포커스》(1995. 9월호)
– 시집 『머물러 있던 시간의 飛翔』(2002 · 기획출판 오름)

▣ 광복 50돌·다시 새기는 조국의 얼

독립지사 유적지 순례시⑤ - 윤봉길 편

편지

지금부터 다섯 해 쯤 되었나 봅니다
대한민국 교수 중국 연수단, 일원으로 상해에 갔을 때
그 곳 홍구 공원에 들렀었지요
이미 노신魯迅 공원으로 이름이 바뀌었고,
1932년 4월 29일 우리의 독립 정신을 세계 만방에 과시한 당신의 의거 흔적이나
기념이 될 어떤 표지 하나 찾아 볼 수 없어
서운함을 글로 쓰기도 했었지요.
일본 천황의 생일, 천장절과 상해사변 승리를 함께
자축한다는 일인들의 기념식장에
당당하게 당신이 폭탄을 던졌지요.
일본의 상해 파견 군사령관 시라카와 요시노리 白川義則 대장이 죽고,
상해 일본거류민단장 가와바타河端가 죽고,
제3함대사령관, 제9사단장, 주중일본공사 등
수뇌급들이 중상을 입는 등 거사는 일단 성공했지요.
그러나 당신은 현장에서 체포되고,
오사카 형무소에 수감되었다가,
스물 다섯 팔팔한 나이로 순국하였지요.

지금 다시, 충청남도 예산군 덕산면,
성역화된 당신의 유적지에 와
당신의 생가와 충의사忠義祠
기념탑, 동상 등 엄숙하게 둘러보네요.
박희선 시인을 비롯해서
대전의 시인들 화가들 아홉 명이 일행이 되어
왜놈 퇴치와 무식 퇴치, 그 두 가지 사명 펼친
당신의 뜻 새기며 따가운 햇살 앞에 고개 숙이네요.
살속에 잠기던 고통의 역사와
하늘에 번지던 먹구름
그 세월과 세월 부딪치던 천둥소리의 중량
더하고 곱해서 생각해 보며,
광복과 해방의 의미가 다르게 자란
우리 대한민국 현실과,
종전과 패전의 의미가 다르게 커 간
저들 일본국의 현실과, 말없이 무거운 8월의 하늘,
우리는 또 그 하늘을 눈여겨 보네요.

– 《중도포커스》(1995. 9월호)
– 시집 『머물러 있던 시간의 飛翔』(2002 · 기획출판 오름)

■ 광복 50돌 · 다시 새기는 조국의 얼

독립지사 유적지 순례시⑥ - 홍주의사총 편

이제 무덤의 치장은 끝났는가

빛나고 빛나도다
높은 뜻 깊은 가슴
멀리 횃불로 빛나도다.
한마디 무슨 말씀도 없이
손 쉽고 흔한 이름들, 모두 연연치 않고
피를 뿌리고 살을 던지고
거룩한 행동만을 남겼도다.
1905년 강제의 을사조약
일제의 손아귀에 나라의 주권 넘어갈 때
전 참판, 민종식 중심의
홍주성 처절한 싸움 수백명 의병들,
유생과 농민들이 주체 세력 이루고
홍성 예산 청양, 그리고 보령 남포,
의리와 충의를 값지게 밝혔도다.
적의 기세 봇물같은 등등한 전투에서
습격하고 점령하고 성을 찾고
그러다가 쓰러지고 함락되고
몸은 부서지고 또 부서지고
마침내 시체의 산 이루었어도

나라야 어이 버릴 수 있나
넋이야 어이 버릴 수 있나,
정기의 깃발 열렬하게 휘날렸도다
겨레의 얼이란 것 우뚝 우뚝 세웠도다.
그 청록의 젊음 무너진 무성한 잡초 속에
슬프게도, 40여 년 버려진 유해
여기 솔바람 곁에 합장을 하고
이제 무덤의 치장은 끝났는가,
평안히 누워 잠들 위령의 땅에
절반의 나라,
한숨 소리 다시 들린다.

– 《중도포커스》(1995. 9월호)
– 시집 『머물러 있던 시간의 飛翔』(2002 · 기획출판 오름)

산수유꽃

어릴때 나는
심심찮게 싸움을 했다
싸움이라곤 하지만
대부분 일방적이었다
내 집 앞을 지나는 놈이면
누구나 할 것 없이
시비를 걸고 때리고 넘어뜨리고
무슨 통행세라도 물릴 듯
그렇게 당당했다
한 두 살 나이가 많거나
덩치가 큰 놈도 별 수 없었다
내 뒤에는 늘 네 살이나 더 먹은
대장같은 형이 버티고 있었다
그 놈들은 결국 누룽지나 고구마 등
먹을 것을 갖다 바쳐야 평정이 되었는데
공짜를 챙기는 기분은
정말 짭짤한 것이었다
따지고 보면 그 놈들이 다
나보다 어려운 처지였는데
전쟁같은 힘의 원리만 조숙했을까,

산수유꽃 할딱거리는 소리는 듣지 못하고
나는 그 해 봄을 싸움만 하며 보냈다

추억을 꺼내면서
또 하나의 전쟁소식을 듣는다
이라크가 무너지는 소리를 듣는다
후세인, 바그다드, 테러, 독재,
아니다. 군사정부를 세우고
오일웰 오일필드 오케이를 외칠 것인지
검게 뭉친 구름과, 붉게 젖은 하늘 저편에서
어여 어여, 미국의 부시가
당돌한 가슴을 풀어 제낀다
소인 없는 포탄을 날린다
팔이 잘리고 다리가 잘리고
감정도 잘리고 말씀도 잘리고
아이도 어른도 수없이 목숨이 날라가고
그래 그래 부시가 부신다
이기는 것일까 신나는 것일까
꽃샘바람이 흐드러지게 생리를 한다
그런데 때가 되면 북한도 부실 것인가

남쪽과 북쪽 싸움을 시킬 것인가
긴장의 한숨을 날리면서
오늘은 나의 형도 소용이 없다
하느님 생각이 더 간절한
삼월의 봄날이 무서워
개나리 먼저 피면
누렇게 얼굴이 뜰 것이다
산수유꽃은 여전히 할딱거릴 것이다
사랑이 벼랑에 걸린 때문이다

– 대전·충청 시문학회 사화집① 『사월의 술잔』(2003.4.12.)
– 시집 『저기, 어둠의 실루엣 허물어진다』(2008·기획출판 오름)

청동青銅의 소리를 그리며

산동백 빨간 숲속에 머무는
풋사랑의 오히려 달디 단 맛 건져볼 일이다

뜬구름 옷깃을 여미지 못하는 허공의 세상
불안이나 고통의 무게 헤쳐볼 일이다

밝음과 어둠의 주거지를 가리며
홀로 젖던 빗줄기의 역사 굽어볼 일이다

생명과 공포, 그 전율의 가지에 걸린
버릇없는 전쟁의 울렁이는 슬픔을 살필 일이다.

– 월간 《시문학》(2003. 5월호)
– 시집 『저기, 어둠의 실루엣 허물어진다』(2008 · 기획출판 오름)

작은 가슴을 열고

– 국립대전현충원에서

작은 가슴을 열고
조국이 있나 보리라
작은 가슴을 열고
겨레가 숨쉬는가 들으리라
한 평생 닦은 일 무엇인가
내 속에 기록은 되었는가
크게 눈 뜨고 또 살피리라
그리고 아무 것 없는
벽만 남은 가슴이라면
쓰러져 혀를 놀거나
의협을 각오하고
이 길 총총 다시 걸어보리라
당신의 혼 하나 맑게 추스르며
뜨겁게 뜨겁게 담아보리라.

– 대전일보(2008. 11. 27)
– 시집 『큰 꿈은 일어나 날개를 달고』(2010 · 기획출판 오름)

국립대전현충원 - 현충지
(대전 유성구 갑동 산23-1)

문화의 열린 공간으로 상승의 날개를

국립대전현충원은 1976년 4월에 유성구 계룡로 1558, 현 위치를 선정하고 1979년 8월에 국립묘지 관리소 대전분소로 창설되었으며 1996년 6월 1일자로 현재의 명칭으로 변경되었다. 국립대전현충원은 "조국과 민족을 위해 희생하신 순국 선열과 호국영령이 잠들어 계시는 곳으로 연간 방문객이 120만 명에 이르는 등 참배객의 발길이 끊이지 않는 민족의 성역"이다. 이곳에는 국가원수 묘역, 애국지사 묘역, 국가·사회 공헌자 묘역, 군인 묘역, 경찰관 묘역, 순직공무원 묘역, 그리고 타인의 목숨을 구하다 사망한 위인을 모시는 의사상자(義死傷者) 묘역으로 조성되어 있다.

아울러 국립대전현충원은 2006년 1월 30일 국가보훈처로 소속이 변경된 후 열린 국립묘지를 지향하고 국민들의 자연스런 방문을 유도하기 위해 다양한 문화 행사를 개최하고 있다. 대표적인 것이 보훈 음악회, 어린이날 오픈하우스 행사, 윤석중 선생 추모 새싹동요 큰잔치, 나라사랑 현충원길 걷기대회 등이 있다. 그러나 자랑스런 우리들 국립대전현충원이 값진 삶의 의미를 되새길 수 있는 사랑과 추모의 장소임은 물론 아름다운 문예공원이나 조각공원 등 문화의 열린 공간으로 상승의 날개를 달 수 있기를 기대해 본다.

– 대전일보(2008. 11. 27)
– 시집 『큰 꿈은 일어나 날개를 달고』(2010·기획출판 오름)

국립대전현충원 -사병묘역

땅에서 솟는 미

해질 무렵 보훈공원 기억의 벽에 이른다
손 닿을 듯 하늘로 사라져 간
부러진 총칼의 주인 떠올린다
자유나 평화에게 호소한 새벽꿈의 불길
슬프게 타오르던 제단의 시편 건져 올린다
오만한 세상, 실망의 시간에 쓰러진
혈관 속 더러운 피, 조국의 형제들,
영혼 찾아 다시 생각에 잠긴다
씩씩한 팔다리, 아낌없는 희생의 혼불 흔들어,
불나방처럼 득실거리는 무슨 책략이나 가식
그리고 탐욕의 시대나 전쟁의 비애
무너뜨린 영령들 다시 연정이듯 그린다
십자가, 그 사랑이 꺼진 어둑함 몰아내고
무덤이 안전타는 그런 속설도 꺾어내고
사유의 불꽃, 숭고한 정서로 살아있는
땅속에서 솟는 미, 여기 들러 마냥
살펴본다. 우러러 본다.

– 《호서문학》 제43호(2009. 여름)
– 시집 『큰 꿈은 일어나 날개를 달고』(2010 · 기획출판 오름)

죽음의 의미는 숭고한 정서로 승화되고

대전보훈공원은 호국영령의 나라사랑 정신과 위훈을 기리기 위해 세운 전국 유일의 추모공원이라고 한다. 대전시 중구 사정동 보문산 자연공원에서 2008년 11월 6일 처음 문을 열었다.

중구 선화동에서 옮겨온 영렬탑과 보훈전시관, 위패봉안소, 추모광장, 전장 7인상 및 수호상 등 한국전쟁 및 월남참전을 기념하는 조형물 등이 세워진 것이다.

중앙에 우뚝 솟은 30m 높이의 영렬탑은 국토를 지킨 한 자루의 총을 형상화 한 것으로 영렬들의 승천을 두 손에 담아 모았고 뾰족한 상단은 조국애의 불꽃을 상징한다.

보훈가족들은 물론 일반시민이나 학생들의 나라사랑 정신을 기리는 산 교육장이 될 것이고 휴식공원으로도 그 몫을 단단히 할 것이다.

주검은 땅에 묻히지만 〈땅에서 솟는 미〉는 죽음의 의미가 숭고한 정서로 승화된 것이다.

오만한 세상 실망의 시간으로부터 책략, 가식, 탐욕, 비애의 의미로 점철된 전쟁과 자유, 평화, 조국, 형제, 영혼, 희생, 혼불, 십자가, 사랑 등으로 이어지는 영령들의 정신세계가 이 시에서 다시 꿈틀거릴 수 있다면 목마른 고개 들어 옛 군가라도 불러볼 것이다.

– 시집 『큰 꿈은 일어나 날개를 달고』(2010 · 기획출판 오름)

대전보훈공원 (대전 중구 사정동 200)

뒤집으면 보인다

김용재 金容材

문학수업에서 등단까지

나는 충남 대덕군 기성면 용촌리 정뱅이마을에서 태어났다. 지금은 대전광역시가 되어 조카가 살고 있는 옛집 마당까지 자동차가 들어간다. 타임머신을 옛날로 작동해본다.

초등학교에 입학하면서 나는 산으로 들로 남의 집 사랑방으로 다니며 공부를 했고 학생은 40명 정도였다. 위에는 2학년만 있었는데 학생은 역시 40명 정도였다. 6·25전쟁이 몰고 온 불운의 세월에 학교생활도 역시 처절함 그것이었다. 그런데 머리가 하얗던 내 담임 안정봉 선생님께서 참 재미있게 수업을 하셨다. 큰 나무 밑이던 시냇가던 사랑방이던 모여 앉으면 교실이었는데 그때마다 짧은 글짓기문제를 내신다. 할아버지, 할머니, 아버지, 어머니, 선생님, 학교 , 꽃,

나무… 등등 낱말을 넣어 짧은 문장을 만들어내는 것이었다. "우리 할아버지는 어제 똥쌌다" 하는 아이도 있고, "우리 할머니는 자빠졌다" 하는 아이도 있었다. 나는 "우리 엄마는 도시락 두 개를 싸주시고 하나는 선생님 드리라 했다"고 말했다. 사실대로 말하고 그러다가 한 마디씩 붙여서 말하는 그 수업이 나는 정말 재미있었다. 조금 미화해서 회상하지만 나는 크게 칭찬을 받았고 그 칭찬은 6년을 이어갔다. 수업 1등을 놓치지 않았고 도시까지 글짓기 대회도 나가곤 했다.

4학년 쯤일까. 누님의 앨범에서 베껴 쓴 '계절인사'를 달달 외워놓고 방학이면 선생님께 편지를 쓰곤 했다.

> 봄 – 노고지리 우지짖고 꽃향기 아름다운 새봄이 되었습니다.
>
> 여름 – 녹음 속에서 굴러오는 매미소리 더위를 재촉하고 있는 요즈음…
>
> 가을 – 삼복더위 멀리 가고 금빛파도 농군의 웃음을 실어오는 가을이 되었습니다.
>
> 겨울 – 엄동설한 긴긴 밤에 선생님 생각 깊어갑니다.

삼복이 무엇인지, 엄동설한이 무슨 뜻인지 몰라도 부끄러운 줄 몰랐고, 누가 써준 것이냐? 물어도 그렇게 겁나지 않았다.

"누구나 다 쓰는 말이니까, 너도 써도 된다고…" 누님이 말해주었기 때문이다. 그때마다 나는 어깨가 으쓱했다.

길은 길로 이어진다 했던가. 나는 중학교 때 시를 썼고 학급신문을 만들었다. 고등학교 때는 동인활동을 했다. 대학에 들어가며 충대신문 신춘문예 시부문 당선작 없는 가작 1석(63), 다음 다음해 시부문 당선작(65)을 내면서 예비시인은 된 것이라 생각했다. 그런데 일간신문 신춘문예 두 번 떨어지고 나서 상대할 일 아니라고 포기해버렸다.

대학졸업 후 ROTC장교로 임관해서 또 틈틈이 전우신문에 부대기사 쓰고 시 쓰다가 1·21사태 참전(?)하여 눈 속에서 새운 몇 날 밤을 차갑게 추억하고 있다.

군대 제대 후 69년 9월부터 교직에 입문했는데 공주에 있다가 72년도에 대전으로 나왔다. 은사인 김대현 시인께서는 호서문학회에 입회하라 하시고 대학을 같이 다닌 김수남(65년 조선일보신춘문예 소설당선), 이진우(66년 한국일보 소설당선)는 등단하라 재촉하고, 할 수 있는데 안 한 것처럼 생각해주는 고마움이 있었지만 속은 편치 않았다.

마침내 74년 3월호 월간 《시문학》에 〈겨울산책〉으로 추천을 받았고 같은 3월에 발행한 《속·호서시선》에 〈어느 날의 햇살〉 〈봄 이미지〉 〈공항〉 〈어떤 사연〉 〈소묘〉 등 5편을 발표하였다. 드디어 시인이 되었다, 생각했는데 알고 보니

한 번 더 추천을 받아야 한단다. 그래서 해를 넘긴 75년에서야 또 한 번의 추천을 받고 등단절차를 거쳤다.

그렇게 아등바등하지 않았고, 쓰고 싶으면 쓰면 되는 것이지… 생각했는데 문단은 그게 아니었다. 치열했다. 작품에도 치열했지만 운동에는 더 치열한 듯 했다. 조직, 패거리, 부대, 사단, 선거, 돈, 상, 거래, 출세… 이런 단어의 새끼들이 꼬리를 치고 때로는 사람을 혼란케 하고 있었다.

* 이후, 번역을 비롯한 소위 세계화업무만을 간추려 회상해 본다.

뒤집으면 보인다

1989년 1월 1일, 충청남도 대전시는 대전직할시로 행정구역이 충청남도와 분리되었고, 1995년도에 다시 대전광역시로 명칭이 바뀌었다. 문인협회도 충남과 분리되어 그 해 89년에 한국문인협회 대전직할시지회(이하 대전문협)로 새롭게 출범을 하였다. 초대회장은 조남익 시인이 맡았고 대전문학의 토대를 닦았다. 2년 동안에 정례화된 사업으로 《대전문학》1, 2, 3호가 발행되었고 한밭애향시화전을 개최하며 《대전시단》1, 2집을 발간하였다. 그리고 「대전문학상」을 제정하였고 「한밭백일장」 「대전문학축전」등 의미있는 행사를 개최했다.

1991년 2월 17일 대전문화원 강당에서 있은 대전문협 정기총회에서 나는 제2대 회장으로 선출되었다. 목표는 문인들의 총화단결로 대전문학의 르네상스를 이룩하자는 것이었다. 먼저 전임회장이 이룩한 사업을 100 퍼센트 수용하고 내용을 보강 발전시키며 문인들의 참여의식 고취 및 총체적 역량 제고 문제에 크게 신경을 쓰기 시작했다. 그 대안들이 원로문인 간담회, 동인지 대표 간담회, 여류 문인 간담회, 작고 문인 추모, 저서 발간 축하회, 근로 청소년 문예강좌, 주부 독서 교양 강좌, 외국문학소개 사업, 문학비(시비)건립 등이었다. 새로운 정례적 사업으로는 「대전 문학 세미나」와 「대전문협회보」 발간(월간)이 괄목할 만한 것이었다. 더 큰 일은 대전 EXPO '93 기념사업이었고 적어도 2년 전부터 그 기획을 하고 이를 추진하는 일이었다.(중략)

계획된 문협 일은 차질 없이 연속되었다. 앞에 제시된 모든 일이 이상 없이 추진되었고 《대전문학》4, 5, 6, 7집 및 《대전시단》3, 4집, 「대전문협회보」, 「대전문학세미나집」등이 연이어 발행되었고 대전문학의 활성화는 그대로 궤도에 오르고 있었다. 그렇게 두 해가 흘러갔다.

복잡한 이야기는 생략하고… 대전 문협 3대 회장을 연임하게 되었다. 성공적인 엑스포 사업을 위한 것이라고 선거에서 절대적인 지지를 해주었지만 나는 지금도 이 일을 자랑스럽게 내세우진 않는다. 내가 회장을 하지 않고도 나의 임기 때 기획된 사업을 할 수 있었으면 하고 바란 것은 사실이지만, 그래서 엑스포 문학 사업을 수행하는 조건부 1년의 임기를 마음에 새기고 소위 참모진들의 의견을 수락한 결과가 결국 연임으로 이어진 것이었다.

이제 대전 세계 엑스포가 개최된 1993년 대전문협의 성과를 회고해본다. 우선 그 해에 치룬 일들을 열거해본다.

1993. 2. 27 한밭문인문고 현판식(한밭도서관)

4. 24 대전문인 EXPO 현장 견학

6. 30 《대전문학》 제8호 발행

7. 10 정훈시비건립추진위원회 구성

7. 25 대전 EXPO '93 기념 사화집 『한빛탑과 별무리의 노래』 발간

영문판 『Hanbit Tower & a Song of Asterism』발간

대전 EXPO '93 & 책의 해 기념 에세이집 『목척교의 휘파람』발간

8. 20 『아시아 詩人들 Ⅱ(ASIAN POETS Ⅱ)』(Anthology of '93 Seoul Asian Poets Conference)에 「엑스포 도시의 시인들」편으로 분리하여 93명 시인의 시(국·영문) 수록

8. 23 대전문학국제세미나(유성호텔) – 주제 : 문학과 환경

1993 책의 해 기념 문학도서 전시회(유성호텔)

9. 4 제4회 한밭애향시화전(14일까지 한밭도서관)

'93 대전시단 제5집 『풀꽃의 힘』 발간

9. 12 제11회 전국한밭백일장(국립중앙과학관 · 1000여명 참가)

10. 9 엑스포 도시의 시인들 특별시화전(15일까지 대우빌딩 특별전시실)

11. 3 근로 청소년 문예강좌(6일까지 4회)

12. 10 「대전문협회보」제22호 발행

12. 17 소설가 윤백남 추모 대전문학 심포지엄

12. 18 소설가 윤백남 생가(논산 성동)방문 및 묘소(논산 노성) 참배

12. 27 《대전문학》제9호 발행

『한빛탑과 별무리의 노래』 국문판 & 영문판과 기념책자

문인들의 적극적 참여의식을 고취하고 문학의 대중인식을 제고하며 가난한 객석 및 재정적 한계를 돌파한다는 목적

을 두고 당시의 문협 집행부는 정말 고생을 많이 했다. 특히 어떤 객기가 꿈틀거리는 나열식 행사는 절대 배척의 대상으로 삼았다.

여러 가지 일들 중 대전문학의 역량이라고 생각하며 최대의 힘을 기울인 「대전문학국제세미나」와 「한빛탑과 별무리의 노래」를 발간한 것은 정말 잊을 수가 없다. 세미나는 국제 펜클럽 한국본부와 「아시아 시인 회의」 후원을 받아 서울 아시아시인대회에 참가하고 있는 아시아 시인 및 연계된 서울의 시인 70여명을 초대했고 시낭송까지 겸할 수 있어서 성황을 이루게 되었다. 「문학과 환경」이란 주제도 선진 감각의 결정체라고 입을 모았다. 사화집 「한빛탑과 별무리의 노래」는 EXPO 도시의 문인 127명이 EXPO와 대전 그리고 미래의 삶과 꿈을 노래한 글모음집이다. 국문판 1만부, 영문판 5천부를 발행했다. 염홍철 대전시장과 오응준 대전대 총장은 문화감각이 뛰어난 우리들의 최대 후원자였다. 염시장은 600여부 우리 책을 사서 대전 출향 인사들께 증정하였고 대전시가 주최자로 나서 출판기념회(9월 9일 · 신신농장)를 열어주었다. 이 자리에는 대전의 각급 기관장, 대학의 총학장, 문화계 인사 및 문인들 300여명이 함께 참여하여 대전문화의 발전을 빌었다. 오응준 총장 역시 자신이 300여부 책을 구입하였고 다른 곳에도 적극 안내해 주었으며 후에 정훈 시비 빗돌을 기증하기도 했다.

한쪽에서는 한국문인협회를 대전으로 옮기자는 여담도 있었다. 그러나 크게 지원을 받고 많은 후원을 받았지만 나는 호주머니를 모두 뒤집어버렸다. 마음도 더불어 뒤집었다. 그러니 난공불락(難攻不落)은 없었다. 뒤집으면 보이는 것이었다. 혼잣말처럼 새기면서, 회장 임기 1년을 남긴 1994년 2월 초, 나는 객원교수 자격으로 미국 USC로 떠났다. 병력(病歷)서류까지 복사해 챙기고, 아이 같은 마음으로 가족과 함께 떠났다.

※다음은 중도포커스 심상협 기자(현재 문학평론가)의 글을 옮긴다.
〈문학의 해에 만난 사람〉의 소개 글인데 사진 일부를 생략하였다.

대전문학 세계화에 힘써 온 김용재 시인

심상협 중도포커스 기자

문학의 해를 맞은 대전 지역 문단에 다소 생소한 영문 표지의 시집 두권이 발간되었다. 『엑스포 도시의 시인들』이란 제목의 『Poets EXPO City』, 그리고 『잃어버린 여름』이란 제목의 『The Lost Summer』.

언뜻 '가장 민족적인 문학이 가장 세계적' 이라는 문학적 명제와 '가장 지역적인 것이 가장 세계적'이라는 오늘날 지구촌화의 명제가 잘 맞아떨어진 듯이 보이는 이 두권의 시집에는 대전 지역을 대표할 만한 시인들의 작품이 국어와 영어로 동시 수록되어 있다.

미국 시애틀, 인도 등에도 대전 문학 소개

이 두 권의 시집을 번역하고 기획하여 발행한 사람은 시인이자 대전대학교 영어영문학과 교수인 김용재씨(52세)다.

"올해가 문학의 해인 만큼 우리 문학에 대한 세계화에도 적극적인 관심을 가져야 합니다. 우리 문학을 세계화하려면 우리 문학 작품을 세계에 널리 알리는 것이 우선적인 과제가 아니겠습니까? 그런 생각으로 15년여 동안 틈틈이 번역하고 소개해온 대전 지역 시인들의 작품을 두 권의 시집으로 묶어 보았습니다."

김용재씨가 대전지역 문학 작품의 영역을 시작한 동기는 79년으로 거슬러 올라간다. 마침 서울에서 세계시인대회가 열리게 되었고 이를 기념하는 영역 시선집에 신정식 시인의 작품을 영역하여 소개하게 되었다. 이를 계기로 82년부터 87년까지 김용재씨는 매년 대전 지역 작가들의 시작품을 『세계시(World Poetry)』라는 제호의 영역시선집에 소개해왔다.

김용재씨가 대전 지역의 문학 작품을 세계에 널리 알리겠다는 포부를 본격적으로 펼칠 수 있다고 생각하게 된 계기는 대전엑스포93.

91년부터 한국문인협회 대전지회장으로 활동하고 있던 김용재씨는 93년 대전엑스포93 기념사화집 간행위원회를 구성하여 본격적인 작품 영역과 기획에 들어갔다. 그렇게 하여 대전엑스포93 행사와 더불어 빛을 보게 된 것이 국문판과 영문판 각 2권으로 발행된 『한빛탑과 별무리의 노래』와 『HANBIT TOWER and A SONG OF ASTERISM』이었다.

대전엑스포93을 기해 열린 아시아시인대회를 기념한 '아시아 시인들'이라는 제목의 『Asian Poets Ⅱ』에도 대전 지역 시인들의 작품을 영역하여 소개하기도 했다.

이듬해인 94년에도 대전광역시와 자매결연을 맺고 있는 미국 시애틀시에서 발행한 『The Poem and the World』에 대전 출신 시인 6명의 작품을 이행수(대전대 영문학과 교수)씨와 공동으로 영역하여 소개하였다.

인도와 미국 등지에 지역 작품을 소개했던 사화집들 /
영역해온 작품을 모아 엮은 두 권의 국·영문 대역시집

94년 1년 동안 미국 남캘리포니아 대학 객원교수로 재직하면서 미국시인협회와 미국시아카데미 등에 회원으로 가입하는 등 국제적인 문학활동 영역을 넓혀 온 김용재씨는 95년 인도에서 발행하는 세계시인선집 『Parnassus of World Poets 1995』에 대전을 대표하는 향토시인 7명의 작품을 영역하여 소개했다.

지난 2월말 발행된 두 권의 영역시선집은 김용재씨가 15년여 동안 대전지역의 문학을 세계에 알리자는 뜻으로 영역하고 소개해온 작품들을 다시 정리하여 펴낸 것이다.

"꼭 노벨 문학상이 문학 세계화의 척도일 수는 없겠지요. 하지만 일본의 경우 활발한 번역으로 그들의 문학을 일찌감치 세계 속에 내놓았기 때문에 두 번이나 노벨 문학상을 차지할 수 있었던 것 아니겠습니까?"

김용재씨는 우리 문학을 세계에 널리 알리는 일도

중요하지만 이는 각기 향토색과 정서가 독자적인 각 지역 문학을 세계화하는 일에서 출발해야 한다는 소신을 가지고 있다.

대전 지역에 세계 문학 소개하는데도 역점

따라서 올해에는 대전·충청 지역을 기반으로 한 종합문예지 《호서문학》을 통해 한국·미국·프랑스 등에서 각광받는 현대 시인들의 작품을 모아 세계현대시인선집을 발행할 계획을 추진하고 있다.

또한 문학의 해를 기념하여 대전광역시와 자매결연을 맺고 있는 중국, 일본, 헝가리, 미국 등지의 시인들과 작품을 주고받으면서 합동 영역 사화집을 간행하는데 주도적으로 참여하겠다는 포부를 가지고 있다.

김용재씨는 현재 『바퀴에 깔려도 햇살은 죽지 않는다』라는 자신의 6번째 개인 시집의 영역을 마쳐 놓고 여기에 삶과 죽음의 문제를 천착할 수 있는 작품의 깊이와 폭을 더하여 미국 시장에서 출판한다는 계획을 추진하고 있기도 한다.

15년여 동안 묵묵히 대전 지역의 시문학 작품들을 영어로 번역하여 소개해온 김용재씨의 노력에는 우리 고장의 문학부터 세계화해야겠다는 소신이 담겨 있다.

– 《중도포커스》 1996. 3월호

영문시집과 Modern Poetry, 그 이후

대전대학교에서 교무처장 연임 4년을 마치고 공로 보상 형식으로 미국에서 1년, 연구년을 보내게 되었다.

USC 객원교수로 자리를 잡고 사회교육 및 건강증진 프로그램에 참여하면서 나의 시집 영역작업을 시작했다. 『바퀴에 깔려도 햇살은 죽지 않는다』(1993. 시문학사)를 선택했다.

월간 《시문학》에 연재했고 시문학사 발행으로 시집을 냈고 재판 계획까지 서 있었는데 그 시집을 내자마자 미국에 온 것이다. 어느 시집인들 제 분신이 아닐까마는 생사의 세계를 넘나들던 내 인생의 깊은 상처와 환희가 함께 존재하는 연작시가 담긴 이 시집을 우선하지 않을 수 없었다. 이런 일을 나는 폴리와 상의했다. 폴리(Paul Lee)는 충남 예산 출신으로 본명은 이풍호. 1986년부터 미국시민이 되었고, 내가 가족대표로 참여하여 94년 초에 미국에서 결혼식을 올렸다. 한국에서는 인하대학에서 전기공학을 전공하고 오산대학, 동양대학 등에서 교수로 있다가 다시 캘리포니아 주립대학에서 영문학을 전공한 시인으로, 번역가로 다방면의 활동을 하며 많은 저서를 남기고 있는 재원이었다. 나와 함께 Modern Poetry 발행 계획도 세워놓고 있었다.

내가 귀국한 이후 96년에 발행이 되었지만 Even Being Pressed by Wheels Sunbeams Never Die는 Paul Lee가 발행, 편집인으로 되어있는 Eastwind Press 상품이 되었다.

더불어 나의 시 14편이 들어있는 Modern Poetry도 같이 나왔는데 편집자 선정시로 나의 들국화(A Wild Chrysanthemum)가 뒤표지를 장식했다. 이 책에는 LA에 살고 있는 시인이자 극작가이며, 문학잡지 ONTHEBUS 편집자인 Jack Grapes. 1973년 미국 최고의 퓰리처상을 받은 여류시인이며 Brandeis, MIT, Columbia, Princeton 대학에서 강의를 한 Maxine Kumin(1925-2014), 오하이오대학 문학박사로, 프라그, 런던, 파리, 아테네, 베이징 등에서 살며 시의 대사 역할을 했고 1985년 Robert Bly, Bob Dylan과 함께 제1회 모스크바세계시축제에 초대받은 미국시인 3인방 중의 하나인 James Ragan 등이 포진해 있었다.

그것으로, 시인으로서의 위치가 달라졌다거나 위상에 변동이 있다거나 한 것은 아니었는데, 그래도 어떤 목표에 대한 성취감과 활력을 상승시켜주는 일에 일조한 것은 틀림없는 일이었다.

그 외에도 나는 미국 대학에서의 한국학 및 한국문학 교육에 대한 관심을 갖고 자료조사를 열심히 하였다.

하버드, 하와이, 콜럼비아, 인디애나, 일리노이스, 시카고, 코넬, 워싱턴, 조지타운, UCLA, USC, UCI, UC San Diego등 30여개 명문대학에서 한국학 강좌를 개설하였으나 한국문학강좌 개설은 일본 중국에 비해 약세라는 사실도 알게 되었다.

이런 사실을 상기하며 나는 〈미국 속의 한국문학과 세계화의 문제〉라는 제목으로 소논문을 썼다. 귀국해서 나는 그 논문 그대로 대전대 인문과학연구소에서 특강을 했고(95.6.8), 한국문협대전지회세미나에서 주제발표를 했고(95.9.22),《문예와 비평》95겨울호에 특집으로 수록을 했다. 20여년 발전을 거듭해 왔지만 눈여겨 빛나는 업적은 아직도 만족감 그것과 거리가 멀다는 생각이다.

Poetry Korea와 세계시인 대회

2001년 12월 어느날 이었다. 문덕수선생님께서 전화를 주셨다. 서울 오는 기회 있으면 만나자고 당부하셨다. 주일을 넘기지 않았다.

UPLI를 맡아달라는 것이었다. 정확히 말하면 국제계관 시인연합 한국위원회(United Poets Laureate International-Korea Committee)를 다시 조직해서 Poetry Korea도 발행하고 세계시인대회도 참가하고, 회원을 모집해서 활동을 좀 하라는 것이었다.

정치, 경제, 사회, 문화, 모든 분야가 서울중심체제로 굳어진 현실에서 지역에서의 국제조직체 운영이 가능할 것인가 의아한 생각을 많이 했지만, 믿고 선택한 선생님의 큰 마음과 어쩌면 명령 같은 그 말씀이 물렁한 내 의지를 단단하게 만들었다고 나는 지금 말한다.

선생님께서 넘겨주신 Poetry Seoul I 집(1987)과 II 집(1988), 선생님 영문시집 Autumn Landscape, 그리고 1990년 서울에서 개최한 UPLI 세계시인대회 기념사화집 Metaphor Beyond Time을 통독하고 참고하여 2002년 붉은 표지의 영문판 Poetry Korea를 만들었다. 명예회장 문덕수, 회장 김용재, 사무처장 윤명옥으로 하여 작품·약력·사진을 등단 순으로 싣고 뒤에 주소록을 실었다. 그해 7월 문덕수, 김규화, 신협, 김용언, 손해일, 이신강, 송영숙, 김두자 등 14명이 태국·방콕에서 개최된 제17차 UPLI세계시인대회에 참가하여 Poetry Korea의 진가를 만방에 알렸다.

특히 문덕수 선생님은 A Message of Congratulation을 통해 주최측에 대한 감사의 인사, 1990년 서울에서 개최한 12차세계시인대회의 성공담과 참가시인들에 대한 고마움, UPLI의 발전 기도, 그리고 한국회장을 승계한 김용재에 대한 과분한 소개를 강렬하게 해주셨다. 나는 Guest Speech를 통해 주최측에 대한 인사, 특히 한국전쟁 때 파병해준 국가에 대한 고마움, 문선생님의 업적, 그리고는 UPLI 모토인 '시를 통한 세계 평화와 형제애' 구현을 나의 포부로 말하였다. "정열로 성장하는 시의 나무를 기르겠다". "그 나무는 무성하게 자라 우리의 지친 영혼이 편히 쉴 수 있는 풍성한 그늘을 제공해줄 것이다"라는 믿음을 전제하고 같이 참여하자고 호소하였다. 그 내용은 Poetry Korea 2집(2003)에 전문 수록되었다.

2년마다 개최되는 제18차 세계시인대회는 2004년 6월 미국 텍사스주 플레인뷰에서 있었다. 미국시인들이 말한 이 대회의 가장 큰 선물은 Poetry Korea 3집이었다. 그 전모를 「평화를 위한 순례자들」이란 제목으로 월간《시문학》(2004년 9월호)에 수록하였다.

필자의 글이라서 다소 쑥스럽긴 하지만 작년(2016)에 속간한 Poetry Korea 5집에 재록하였다.

Poetry Korea는 2005년 4집까지 내고 재정난과 개인사정

또는 의욕상실(?)등으로 연속발행을 하지 못했다.

2008년 지역세계화시대의 문학을 논하면서《문학시대》문학심포지엄을 주관했고, 2015년 대전광역시의 자매도시인 미국-시애틀, 캐나다-캘거리, 오스트랄리아-브리스번을 중심한 영어권 시인들과 함께 국제교류시선집 『시와 자매세계 : The Poem & The Sister World』를 의미있게 펴내면서 나는 Poetry Korea의 부활을 노래하곤 했다.

그러던 중 작년 손해일 시인의 제안을 받고 국제펜한국본부 부이사장으로 출마하게 되었다. 홍보용으로 『PEN 작가들 함께 세계로 : WORLD PEN FRIENDS TOGETHER』를 손해일 · 김용재 · 임병호 · 오경자 · 정용원 · 전경애 등 6명의 입후보자 한 · 영 대역판 작품집으로 만들었다. 종로 함춘원에서 출판기념회를 열었는데 350여명 문인들이 운집해서 성황을 이루었고 표를 얻는데 큰 역할을 한 것으로 분석을 하기도 했다.

때를 같이 하여 나는 개인시집 대신 Poetry Korea 5집을 속간했는데 독자들을 고려하여 4집까지의 영문판을 한 · 영 대역판으로 하고 내용에 따라 영문으로만 또는 한글로만 처리하는 원고도 수용을 했다.

그러면서 다시 생각을 다듬었다.

Poetry Korea시인들은 외교관이다. 사람을 늘리려 하지

말고 좋은 작품을 늘리도록 힘쓰라고 한 문덕수 선생님의 말씀을 상기한다. 스스로의 다짐을 위해서 활자화된 선생님 말씀의 일부를 다시 옮긴다.

> 2002년도부터 김용재 시인은 UPLI(세계계관시인연합회) 한국위원회 회장이 되었다. 그가 재작년(2002) 7월 태국에서 열린 제17차 국제 시인대회 총회 석상(쟁쟁한 세계적 시인들이 많이 참석했었다)에서, UPLI한국위원회 회장직 수락 연설을 할 때, 그의 얼굴은 한국의 고독한 섬이 아니라 '세계'로 향한 한국시단의 '창'으로 열리게 된 것이다.
>
> 이제 한국시는 그의 입을 통해서 세계의 구석구석으로 퍼져 나가겠금 되었다.
>
> – 문덕수 〈창운蒼云의 회갑〉에서
> 『蒼云 金容材의 詩世界』(2004 · 오름)

번역은 왜 하는가? 번역대상의 언어권 사람들을 비롯한 널리 세계 사람들에게 알리려는 것 아니겠는가. 알릴만한 것, 좋은 것을 선정하여 통할 수 있도록 번역하는 문제가 그렇게 쉽지 않다. 그런데 이런 문제를 고려하지 않고 그냥 받아서 만들고 실적으로 쌓아놓는 것을 보게 되는 것은 유감이다. 더 따지면 '당신은 뭐길래…' 그 소리밖에 들을게 없다.

그래도 나는 이 일을 할 것이다. PEN에서 UPLI에서 힘 있는 사람들과 동업할 것이다. 우리의 통일문학도 세계화로 가는 것이다. 우리 한국의 문제로 국한된 것이 아니고 인류 평화의 문제이기 때문이다.

– 《한국시학》 2017 · 가을호

■ 약력

김용재 金容材

· 1944년 3월 5일 대전 출생. 아호 창운(蒼云)
· 기성(원정)초 – 충남중 – 대전고
· 충남대 영문과 & 동 대학원 수학(문학박사)

〈역임〉
· 탄천중 – 공주고 – 충남고 교사(9년 6월)
· 충남대 – 목원대 강사 – 중경전문대 교수(3년)
· 대전대 영어영문학과 교수(26년)
  학과장 – 인문과학연구소장 – 신문방송주간 – 교무처장겸 사회교육원장 – 교수협의회장 – 문과대학장 – 대학원장
· 전국대학신문주간교수협의회 부회장
· 전국대학교 교무처장협의회 부회장
· 미국 USC 객원교수
· 대전충남북사립대교수협의회연합회장
· 대전충남대학원장협의회 회장
· 호서문학회장
· 한국문인협회 대전지회장
· 인도–세계시인사화집(Parnassus of World Poets)한국 편집인

· 한국시문학문인회장
· 제17차 세계시인대회 한국대표(2002 · 태국 · 방콕)
· 제18차 세계시인대회 한국대표(2004 · 미국 · 플레인뷰)
· 시사 월간지 PeopleToday 회장
· 대전문인총연합회 회장(대전문학시대 발행인)
· 문학시대 문학대상 운영위원장
· 한국현대시인협회 부이사장

〈현재〉
· 3 · 8민주의거기념사업회 공동의장(『3 · 8민주의거』발행인)
· 대전충남 4 · 19혁명동지회 회장
· 호서문학상 운영위원장
· 청동빛문학상 운영위원장
· 한국문학시대 명예회장
· 국제계관시인연합(UPLI) 한국회장(Poetry Korea발행인)
· 국제PEN한국본부 부이사장
· 한국현대시인협회 이사장

〈봉사활동 · 1〉
· 1987 | 용운중학교 교가 작사(교훈 · 교가탑제막)
· 1989 | 유성온천유래비 건립문 근찬
· 1992 | 김관식시비 건립위원장(공동)
· 1994 | 정훈시비 건립위원장(공동)
· 1995 | 이덕영시비 건립기 근찬

· 1994 | 지산 임달규(대전대설립자)선생상 송시 근송

· 1998 | 박팽년시비 송시 근송

· 1998 | 신정식시비 건립위원장

· 1999 | 정의홍시비 건립위원장(공동)

· 2000 | 박희선시비 건립위원장

· 2004 | 김대현시비 건립위원장(공동)

· 2006 | 3 · 8민주의거기념탑 기념시 근송

· 2011 | 〈3 · 8찬가〉 작사

· 2012 | 호연 이판기(반공투사)선생 숭모비 송시 근송

· 2013 | 금당 이재복문학조형물 건립위원장

· 2014 | 애국지사남곡권용두선생추모비 건립위원장(공동)

· 2017 | 위안부 추모음악회 – 〈나비의 꿈〉 작사

· 2017 | 3 · 8 푸른음악회 – 〈민주의 노래〉 작사

〈봉사활동 · 2〉

· 1993 | 대전EXPO '93 기념사화집 간행위원장 『한빛탑과 별무리의 노래』 (국 · 영문판)발행

· 1993 | 대전EXPO '93 기념에세이집 간행위원장『목척교의 휘파람』 (국문판)발행

· 1999 | 『대전광역시문화상수상자 10년 편람』편집위원장

· 2009 | 대전시승격60주년기념 『대전사랑시선집』 간행위원장

· 2009 | 대전시승격60주년기념 『대전사랑에세이선집』 간행위원장

· 2010 | 『50년–3 · 8민주의거』 편집위원장

· 2011 | 3 · 8민주의거기념시선집 『함성은 침묵으로 쌓여 흐른

다』 편집 간행

· 2012 | 호서문학 60주년 기념행사 추진위원장 『호서문학60 년사』 발행주관

· 2014 | 애국지사권용두선생추모사업회장(공동) 『애국지사 권용두 선생의 인생과 문학』 발간

〈수상〉

· 1963 | 충남대문학상(시부문 가작1석)

· 1965 | 충남대문학상(시부문 당선)

· 1976 | 적십자 지도교사표창(대한적십자사)

· 1989 | 100만 시민 한 책 보내기 운동 공로표창(대전직할시)

· 1992 | 대전대 10년 근속 표창

· 1993 | 스승의 날 모범교원 표창(교육부)
문화의 달 공로 표창(한국예총)
대전 EXPO '93 문화공로표창(EXPO조직위원회)

· 1994 | 대전시문화상(문학부문)

· 1999 | 한성기 문학상(한성기 문학상 운영위원회)
호서문학상(호서문학상 운영위원회)

· 2001 | 대전대 20년 근속 특별공로상

· 2003 | 한국현대시인상(한국현대시인협회)

· 2004 | 국제계관시인상(UPLI. 미국 플레인뷰)

· 2015 | 제6회 김우종문학상 대상

〈창작시집〉

·『겨울 散策』(1976, 현대문학사)

·『아침바람 行次』(1980, 시문학사)

·『휴일의 새』(1985, 호서문화사)

·『저무는 날의 명령법』(1988, 호서문화사)

·『兵士와 달맞이 꽃』(1992, 문경출판사)

·『바퀴에 깔려도 햇살은 죽지 않는다』(1993, 시문학사)

·『청동빛』(1998, 푸른 물결)

·『머물러 있던 시간의 飛翔』(2002, 오름)

·『저기, 어둠의 실루엣 허물어진다』(2008, 오름)

·『큰 꿈은 일어나 날개를 달고』(2010, 오름)

〈기념시집〉

·『憂愁』(CD-ROM 시선집 · 1999, 현대시)

·『김용재 電子詩全集』(2004, 한국문학도서관)

·『蒼云 金容材의 詩世界』-회갑기념문집 간행위원장 · 이행수 (2004, 오름)

·『청동빛 창가에 앉아 그리움에 색칠하다』(고희기념 시선집-2013, 오름)

·『더하기와 지우기』(평화통일 염원 시선집-2018, 오름)

〈영역시집〉

· Hanbit Tower & a Song of Asterism (93, 문경/공역)

· Poets of EXPO City (96, 문경)

· The Lost Summer (96, 호서)

〈영문시집〉

· Even Being Pressed by Wheels Sunbeams Never Die (96, Eastwind Press in USA)

〈논저〉

· 『Robert Browning의 애정시 연구』(77, 충남대)

· 『Comprehensive Vocabulary』 (81, 남영문화사. 편저)

· 『Robert Browning 시의 불완전 질서』 (96, 충남대)

· 『Robert Browning의 詩 研究』(99, 도서출판 井)

· 『象村 申欽』 (2004, 문화관광부)

* 기타 공저, 편저, 저작대표 등 40여권